Le petit mercure

Suivi éditorial par Jean-Michel Décimo

Le goût de la marche

Textes choisis et présentés
par Jacques Barozzi

Mercure de France

ISBN 978-2-7152-2812-2

SOMMAIRE

INTRODUCTION

« Un voyage, fût-il de mille lieues,
commence sous votre chaussure. »
CONFUCIUS

« Je suis le Chemin. »
JÉSUS-CHRIST

« Je ne suis qu'un piéton, rien de plus. »
ARTHUR RIMBAUD

Jusque dans son grand âge, ma mère marchait.

Souvent, en fin de journée, elle partait, d'un pas vif, sur les routes sans trottoirs, à la périphérie de la ville, pour rejoindre les premiers chemins de campagne, se laissant plus d'une fois surprendre par la nuit.

Quand nous la grondions pour l'inquiétude qu'elle nous causait, elle haussait invariablement les épaules, affirmant qu'elle ne courait aucun danger, que ça lui faisait du bien, ça la calmait de toute sa colère rentrée contre le monde en folie dans lequel nous vivions !

Ma mère était une personne « nerveuse », comme disaient pudiquement les adultes de la famille, pour expliquer à ses enfants ses humeurs impétueuses et ses tendances rebelles…

Je crains d'avoir beaucoup hérité d'elle, notamment

de son goût de la marche, ce « vice impuni », et gratuit, que je pratique quotidiennement, pour mon plus grand profit…

Flânerie, déambulation, errance, vagabondage, promenade, balade, randonnée, traversée, excursion, pèlerinage, voyage…

Autant de mots pour désigner le mouvement progressif de la marche, depuis la manière la plus lente et rêveuse à la plus sportive (alpinisme ou trekking).

Il existe tout autant de catégories de marcheurs : le marcheur de ville, le marcheur de plaine ou de forêt, de sentiers ou de chemins, le marcheur de montagne et de désert, le marcheur régionaliste, de pays ou de continents, le marcheur profane ou sacré, l'amateur de marche individuelle, accompagnée ou encore en groupe…

La marche, la meilleure façon d'appréhender le monde, à vitesse humaine.

Le goût de la marche exprime un goût de la terre : le complément, voire l'opposé (l'exact contraire) du goût de la mer. Pas forcément incompatible ! Après tout, le désir de marcher sur les eaux, n'est-il pas l'un des plus récurrents fantasmes des hommes ?

Pourquoi marche-t-on ? Pour saisir des tableaux de vie (principalement en ville), des paysages et des horizons nouveaux, pour le dépaysement, le dépassement de soi, l'épreuve, la connaissance du monde et de soi-même…

« Tous les chemins mènent à soi » ou « Tous les chemins mènent à l'autre », là encore les avis divergent, et ne sont pas rédhibitoires.

La marche, cette mécanique qui part des pieds et met en branle notre esprit, n'est-elle pas la meilleure façon d'investir notre propre corps et d'en tester ses limites ?

« Marcher est peut-être – mythologiquement – le geste le plus trivial, donc le plus humain », écrivit Roland Barthes.

Outre l'espace, marcher nous permet aussi d'entretenir un autre rapport au temps : « Quand je fais trente kilomètres par jour, à pied, je calcule mon temps en années ; quand j'en fais trois mille en avion, je calcule ma vie en heures », remarque à juste titre Régis Debray.

Tout à la fois stimulante et consolatrice, la marche n'est-elle pas le meilleur moyen pour l'homme d'oublier (ou de réfléchir à) où il va ? « C'est en marchand que j'ai eu mes pensées les plus fécondes et je ne connais aucune pensée aussi pesante soit-elle que la marche ne puisse chasser », disait Kierkegaard.

Il semble donc que, selon qu'il ait ou non la foi, l'homme marche pour se consoler d'aller vers le néant ou, comme le pense Maître Eckhart, pour gagner son salut pour l'éternité, en choisissant de préférence : « Le Chemin sans chemin, là où les Fils de Dieu se perdent et, en même temps, se retrouvent. »

« Le désert est monothéiste », soutenait Ernest Renan.

De fait, *le retour* au désert originel, chemin sans chemin s'il en est, n'est-il pas le plus incontournable des itinéraires du marcheur, à tendance mystique, d'origine judéo-chrétienne ou islamique ? Là où son homologue asiatique, à l'instar des moines tibétains, privilégiera la montée vers les cimes éternellement enneigées.

Rien moins d'innocent que la marche, donc, et rien moins de connecté culturellement que le choix d'un itinéraire !

Au point que l'on pourrait affirmer que la plus anodine des promenades est déjà, en soi, un pèlerinage : une action de haute spiritualité.

Les écrivains le pensent, qui font souvent le lien entre écrire et marcher.

Préférant même revendiquer, à l'égal d'un Rimbaud ou d'un Léon-Paul Fargue, la qualité première de piéton, plutôt que celle de poète ou d'écrivain.

Bon nombre des textes présentés ici pourraient être titrés, pour paraphraser un livre fameux de Julien Gracq, *En marchant en écrivant*.

Quant au lecteur, il sait bien qu'*en lisant* il se réserve, à coup sûr, la plus belle de toutes les promenades !

Jacques BAROZZI

PROLOGUE

BRUCE CHATWIN

De l'origine du marcheur

L'Homme serait apparu en Afrique, il y a environ six millions d'années. Pas vraiment dans le désert, mais plutôt dans la savane, quelque part entre le Transvaal et l'Éthiopie. Lorsque l'homme s'est dressé sur ses deux jambes, son cerveau se serait sensiblement développé. Dès lors, il s'est mis à marcher, car, à l'origine, il était essentiellement nomade et vivait de la cueillette. Ce n'est que bien plus tard qu'il s'est sédentarisé. Progrès, vous avez dit progrès ? Il se pourrait bien que, au hasard de la sélection naturelle et d'un nouveau bouleversement climatique de la planète, il soit contraint de remonter dans l'arbre d'où, plus sûrement que du singe, il semble qu'il descende !

L'information réellement importante, c'est que nous appartenons à une lignée très stable.

Les ancêtres de l'homme furent des « généralistes », des créatures résistantes et débrouillardes qui, pendant la période qui a correspondu à celle de l'impala, ont dû se sortir de bien des situations embarrassantes sans avoir à se diviser en plusieurs espèces à tout moment. Il s'ensuit que, dans l'histoire des hominidés, tout changement structurel majeur s'explique par une terrible pression extérieure et que, par ailleurs, nous devons disposer d'un soutien instinctif et moral beaucoup plus rigide que nous ne l'avions supposé jusqu'à présent.

Depuis la fin du miocène, on n'a constaté, en fait, que deux « bonds en avant » principaux, espacés l'un de l'autre de quelque quatre millions d'années : le premier est associé à l'australopithèque, le second à l'homme :

1 – La transformation du bassin et du pied : le singe forestier évoluant de branche en branche cède la place au marcheur de plaine; au quadrupède qui se déplaçait sur les mains succède le bipède dont les mains sont libres pour d'autres actions.

2 – Le développement rapide du cerveau.

Il s'avère que ces deux « bonds » ont coïncidé avec un refroidissement et un assèchement subits du climat.

Il y a environ dix millions d'années, notre ancêtre hypothétique, le singe du miocène, devait vivre sous les hautes frondaisons de la jungle tropicale qui couvrait alors la plus grande partie de l'Afrique.

Comme le chimpanzé et le gorille, il devait probablement changer de lieu de repos tout en limitant prudemment ses déplacements aux quelques kilomètres carrés de son territoire où il trouvait toujours de quoi manger, où la pluie tombait en rigoles le long des troncs, où le soleil éclaboussait parcimonieusement les feuilles et où il pouvait, en se balançant de branche en branche, échapper aux dangers qui rôdaient au ras du sol.

(J'ai vu le crâne fossile d'une hyène du miocène en provenance du lac de Ternifine au Tchad, animal de la taille d'un taureau et pourvu de mâchoires capables de cisailler une patte d'éléphant.)

À la fin du miocène, cependant, la taille des arbres

commença à se réduire. Pour des raisons encore imparfaitement connues, il semble que la mer Méditerranée ait absorbé environ six pour cent de tout le sel océanique du monde. Cette baisse de la salinité entraîna la glaciation des mers autour de l'Antarctique. L'étendue de la banquise doubla. Le niveau de la mer s'abaissa et la Méditerranée, coupée de l'océan par un isthme à Gibraltar, devint un vaste lac salé soumis à l'évaporation.

En Afrique, la forêt tropicale se réduisit à quelques zones isolées, là où l'on trouve actuellement les singes arboricoles, alors que sur toute la partie orientale du continent, s'étendit une « savane mosaïque », pays d'arbres clairsemés et d'herbe, où alternaient la saison sèche et la saison des pluies, l'abondance et la disette, les inondations et les lacs de boue séchée. Tel était le biotope de l'australopithèque.

C'était un animal qui marchait et qui probablement portait des charges. La bipédie, qui s'est accompagnée du développement du muscle deltoïde, semble présupposer le transport de poids – vraisemblablement la nourriture et les enfants – d'un point à l'autre. Cependant ses larges épaules, ses longs bras et ses orteils accessoirement préhensiles font penser que, dans sa forme « archaïque » tout du moins, il passait encore une partie de son temps, ou trouvait refuge, dans les arbres.

Le chant des pistes,
traduit de l'anglais par Jacques Chabert

LE MARCHEUR DES VILLES

KARL GOTTLOB SCHELLE

De la promenade considérée comme un des beaux-arts

Pour le philosophe allemand de la fin du XVIIIe *siècle, Karl Gottlob Schelle, la promenade est une activité « sans équivalent », un art à part entière, à laquelle seule une élite raffinée et débarrassée des basses contingences matérielles peut goûter pleinement, à condition de posséder une certaine « ingénuité de l'âme » et un bagage culturel approprié. Un art de vivre, en somme, qui est plutôt de l'ordre esthétique qu'intellectuel. « Jeu du corps, qui met en branle les mécanismes de l'esprit », Schelle, dans son traité, envisage la promenade sous la double acception du terme : le lieu où l'on se promène et l'action de se promener.*

La promenade n'est pas simplement un mouvement physique du corps, qui exclurait toute activité de l'esprit. Il n'y aurait aucun charme à imaginer le promeneur comme une simple machine en mouvement, dont l'esprit se serait mis au repos pendant que le corps bougerait. Un individu commun qui n'a pas cultivé son esprit n'en ressent pas le besoin, et il aurait du mal à s'y faire. La raison en est fort simple. Pour être touché par les charmes de la promenade et en ressentir le besoin intellectuel, il est nécessaire d'avoir un certain niveau de culture, un bagage intellectuel que tout le monde ne possède pas; et, partant, il est tout à fait naturel qu'un simple journalier ne puisse ressentir le plaisir agréable d'une promenade. Mais on peut ranger dans cette catégorie toute cette masse d'individus insensibles, dont l'esprit n'est touché ni agité par rien, et qui exécutent de façon purement mécanique ce qui, chez les personnes cultivées, engendre un besoin intellectuel.

Mais quel est le rôle joué par l'esprit dans la promenade, en conformité avec la nature ? Et quelle sphère de l'esprit se trouve investie par la promenade ?

La tâche est ici la suivante : faire le lien entre l'activité intellectuelle et l'activité corporelle, élever un processus mécanique (la marche) au rang d'un processus intellectuel. Mais cela seul ne suffit pas. Le mouvement du corps doit être pour l'esprit une détente, et pour le corps un moyen de conforter la santé. Toute activité intellectuelle fatigante rendrait caduque cette double visée. C'est pourquoi toute forme de réflexion méthodique et rigoureuse est étrangère à la promenade. Pour l'esprit, ce ne serait pas du repos mais un effort nouveau, de la même façon que ce genre de réflexion, par le double mouvement physique et intellectuel, épuise le corps au lieu de le fortifier. À cela il faut ajouter que l'esprit, au cours d'une promenade, doit trouver la matière et les objets de son activité spontanée dans la sphère même de la promenade. C'est seulement à cette condition qu'elle investira un domaine propre à l'esprit et à la culture.

Les promenades ne sont pas destinées à poursuivre des cogitations métaphysiques ou physiques, à résoudre des problèmes mathématiques, à repasser l'histoire, bref, elles ne sont pas faites pour la méditation. Même l'observation subtile et raffinée de personnes en train de se promener serait aussi opposée à la finalité de la promenade que l'observation forcée de la nature.

Durant la promenade, l'attention de l'esprit ne doit pas être poussée ; elle doit davantage être un jeu qu'empreinte de sérieux. Elle doit glisser au-dessus des objets en quelque sorte, répondre à leurs sollicitations plutôt que de se laisser contraindre à leur étude par l'esprit. Réceptif et ouvert, l'esprit doit accueillir avec tranquillité les impressions des choses qui l'entourent plutôt que de s'échauffer avec passion sur un quelconque objet, il doit s'abandonner sans résistance à leur courant avec une sérénité joyeuse plutôt que de se soustraire à elles, perdu dans ses idées et revenant sans cesse sur ses propres réflexions.

L'Art de se promener,
traduction de Pierre Deshusses

Nourri de la pensée des philosophes des Lumières, ami de Kant et de Goethe, Schelle recommande plus particulièrement, en ville, les promenades publiques, les allées et les jardins d'agrément, notamment ceux des grandes métropoles, plus anonymes, où l'on ne risque pas d'être importuné par des personnes de notre connaissance. Dans la nature, les montagnes, les vallées, les champs, prairies et forêts font l'objet d'analyses tout aussi fouillées, car, selon lui, chaque lieu induit un type particulier de promenade et, partant, d'observations et de sensations diverses. On peut regretter que la rue ne retienne aucunement son attention, et trouver contestable son affirmation selon laquelle, d'emblée, un journalier ne puisse ressentir du plaisir à la promenade. Plus loin, il dira, de même, qu'un paysan ne saurait apprécier comme il convient un paysage champêtre ! Ne peut-on être sensible à un beau jardin ou à un décor naturel de manière innée, à défaut d'avoir acquis un certain niveau de culture ?

HONORÉ DE BALZAC

Physiologie du marcheur

« N'est-il pas réellement bien extraordinaire de voir, que, depuis le temps où l'homme marche, personne ne se soit demandé pourquoi il marche, comment il marche, s'il marche, s'il peut mieux marcher, ce qu'il fait en marchant, s'il n'y aurait pas moyen d'imposer, de changer, d'analyser sa marche : questions qui tiennent à tous les systèmes philosophiques, psychologiques et politiques dont s'est occupé le monde. » C'est pour répondre à ces palpitantes questions, posées d'entrée dans sa Théorie de la démarche, *qu'Honoré de Balzac, en sociologue consciencieux, alla s'asseoir sur un banc du boulevard de Gand (l'actuel boulevard des Italiens), la promenade alors en vogue des Parisiens, afin de se documenter sur place. Résultat de ses observations…*

… De là vient la prodigieuse éloquence de la démarche, prise comme *ensemble des mouvements humains*.

Voyez ?

Il y a des hommes qui vont la tête baissée, comme celle des chevaux de fiacre. Jamais un riche ne marche ainsi, à moins qu'il ne soit misérable ; alors, il a de l'or, mais il a perdu ses fortunes de cœur.

Quelques hommes marchent en donnant à leur tête une pose académique. Ils se mettent toujours de trois quarts, comme M. le comte Molé, l'ancien ministre des Affaires étrangères ; ils tiennent leur buste immobile et leur col tendu. On croirait voir des plâtres de Cicéron, de Démosthène, de Cujas, allant par les rues. Or, si le fameux Marcel *[le maître de danse de Louis XIV]* prétendait justement que la mauvaise grâce consiste à mettre de l'effort dans les mouvements, que pensez-vous de ceux qui prennent l'effort comme type de leur attitude ?

D'autres paraissent n'avancer qu'à force de bras ; leurs mains sont des rames dont ils s'aident pour naviguer ; ce sont les galériens de la démarche.

Il y a des niais qui écartent trop leurs jambes, et sont tout surpris de voir passer sous eux les chiens courant après leurs maîtres. Selon Pluvinel *[le maître d'équitation de Louis XIII]*, les gens ainsi conformés font d'excellents cavaliers.

Quelques personnes marchent en faisant rouler, à la manière d'Arlequin, leur tête, comme si elle ne tenait pas. Puis il y a des hommes qui fondent comme des tourbillons ; ils font du vent, ils paraphrasent la Bible, il semble que l'esprit du Seigneur vous ait passé devant la face, si vous rencontrez ces sortes de gens. Ils vont comme tombe le couteau de l'exécuteur. Certains marcheurs lèvent une jambe précipitamment et l'autre avec calme ; rien n'est plus original. D'élégants promeneurs font une parenthèse en appuyant le poing sur la hanche, et accrochent tout avec leur coude. Enfin, les uns sont courbés, les autres déjetés ; ceux-ci donnent de la tête de côté et d'autre, comme des cerfs-volants indécis, ceux-là portent le corps en arrière ou en avant. Presque tous se retournent gauchement.

Arrêtons-nous.

Autant d'hommes, autant de démarches ! tenter de les décrire complètement, ce serait vouloir rechercher toutes les désinences du vice, tous les ridicules de la société ; parcourir le monde dans des sphères basses, moyennes, élevées. J'y renonce.

Sur deux cent cinquante-quatre personnes et demie (car je compte un monsieur sans jambes pour une fraction) dont j'analysais la démarche, je ne trouvai pas une personne qui eût des mouvements gracieux et naturels. Je revins chez moi désespéré.

« La civilisation corrompt tout ! elle adultère tout, même le mouvement ! Irai-je faire un voyage autour du monde pour examiner la démarche des sauvages ? »

Théorie de la démarche

Balzac n'ira pas jusque-là, mais il poursuivra son inénarrable étude, qui, n'en doutez pas, n'est pas totalement dénuée de sérieux. Durant cette journée d'observation, qu'il compléta par de savantes lectures faites dans son cabinet particulier, les femmes ne furent pas épargnées. Ce qui nous vaudra quelques pages, tout aussi désopilantes, sur l'art et la manière de retrousser sa jupe en marchant : « Combien de pauvres filles marchent innocemment en tenant leurs robes transversalement relevées, de manière à tracer un angle dont le sommet est au pied droit, dont l'ouverture arrive au-dessus du mollet gauche, et qui laissent voir ainsi leurs bas bien blancs, bien tendus, le système de leurs cothurnes, et quelques autres choses. [...] Il demeure prouvé que les femmes ne doivent lever leur robe que très secrètement. Ce principe passera pour incontestable en France. »

VIRGINIA WOOLF

Rêveuse londonienne

Mrs Dalloway *est à Virginia Woolf ce que* Ulysse *était à James Joyce : l'histoire d'un personnage que l'on suit, toute une journée, à travers la ville (Londres pour l'une, Dublin pour l'autre) et que l'on découvre jusque dans son for intérieur, grâce au fameux monologue du même nom ! Ici, par une belle matinée de juin 1920, Clarissa Dalloway, tout aux derniers préparatifs de la réception qu'elle doit donner le soir même, se laisse aller à rêver par les rues et les jardins de son quartier de Westminster, à proximité de Buckingham Palace et de Saint-James's Park.*

Elle se raidit un peu au bord du trottoir en attendant que passe le camion de Durtnall. [...] Il y avait en elle quelque chose d'un oiseau, d'un geai, bleu-vert, léger, vif, quoiqu'elle ait passé cinquante ans et qu'elle ait beaucoup blanchi depuis sa maladie. [...]

Pour avoir vécu à Westminster – combien d'années déjà ? plus de vingt – Clarissa était catégorique, on ressent, même au milieu de la circulation ou si l'on se réveille en pleine nuit, un calme particulier, une solennité ; une pause impossible à décrire, une attente (mais peut-être était-ce son cœur, affaibli, disait-on, par la grippe) avant la sonnerie de Big Ben. Là ! Elle retentissait. D'abord, musicale, pour prévenir. Puis l'heure, irrévocable. Les cercles de plomb se dissolvaient dans l'air. Imbéciles que nous sommes, pensa-t-elle en traversant Victoria Street. Dieu seul sait pourquoi on l'aime tant, pourquoi on la voit ainsi, pourquoi on la crée, on la construit tout autour de soi, on la renverse et on la réinvente à chaque instant; et pourtant, les vieilles les plus mal fagotées, les miséreux les plus abattus, assis au seuil des portes (déchus par la boisson), font de même; pas une loi, elle en était sûre, n'aurait prise sur eux pour cette même raison : ils aiment la vie. Dans les yeux des gens, dans les pas alertes, lourds, fourbus; dans les cris et le tumulte; les attelages, les voitures, les omnibus, les camions, les hommes-sandwiches au lent dandinement; les orchestres de rue; les orgues de Barbarie; dans le triomphe et le cliquetis et dans le chant étrange d'un avion haut dans le ciel, au-dessus des têtes, était ce qu'elle aimait : la vie; Londres, ce moment de juin.

Car on était à la mi-juin. La guerre était finie [...]. On était en juin. Le Roi et la Reine étaient à Buckingham. Et partout, alors qu'il était encore si tôt, on entendait le martèlement, le grondement de poneys au galop, le choc de crosses de cricket; de Lord's, Ascot, Ranelagh et tous les autres; enveloppés dans l'air gris-bleu du matin comme un doux filet qui, au cours de la journée, se déprendrait d'eux et déposerait sur leurs pelouses et leurs terrains de sport les poneys bondissants, qui, effleurant à peine le sol de leurs sabots, se mettaient à jaillir, les jeunes gens tournoyants et les jeunes filles rieuses, dans leurs mousselines transparentes, qui avaient dansé toute la nuit et promenaient déjà leurs ridicules chiens laineux; même de si bon matin, de vieilles douairières filaient, discrètes, en voiture, pour des courses mystérieuses; les commerçants s'affairaient derrière leurs vitrines au milieu de leur strass et de leurs diamants, et de ces ravissantes vieilles broches d'un vert glauque dont les montures du XVIIIe siècle devaient tenter les Américains [...], et elle aussi, qui aimait tout cela d'une absurde et fidèle passion, qui en faisait partie puisque ses ancêtres étaient reçus à la Cour à l'époque des rois George, elle aussi ce soir même brillerait de mille feux; elle donnait une réception. Mais comme étaient étranges, en entrant dans le Parc, ce silence; cette brume; ce bourdonnement; les canards joyeux voguant lentement; les oiseaux ventrus qui se dandinaient; mais qui voilà, tournant le dos aux Ministères, toujours à propos, avec une serviette aux armes royales, qui d'autre sinon Hugh Whitbread; son vieil ami – l'admirable Hugh!

« Bonjour à vous, Clarissa! » dit Hugh d'une façon plutôt grandiloquente car ils se connaissaient depuis l'enfance. « Où allez-vous donc? »

« J'adore marcher dans Londres », dit Mrs Dalloway. « Vraiment, c'est mieux que de marcher dans la campagne. »

Mrs Dalloway,
traduit de l'anglais par Pascale Michon

LÉON-PAUL FARGUE

Les fantômes des deux gares

Il est des promenades qui nous ramènent constamment sur nos pas. Là où se sont forgés nos premiers rêves d'évasion ? C'est ce que semble confirmer Léon-Paul Fargue (1876-1947), qui revenait régulièrement dans son quartier de prédilection, celui de son enfance, par lequel débute Le Piéton de Paris, *immortel poème à la ville qu'il a tant aimée et où il s'est tant promené.*

Il y a des années que je rêve d'écrire un « Plan de Paris » pour personnes de tout repos, c'est-à-dire pour des promeneurs qui ont du temps à perdre et qui aiment Paris. Et il y a des années que je me promets de commencer ce voyage par un examen de mon quartier à moi, de la gare du Nord et de la gare de l'Est à la Chapelle, et non pas seulement parce que nous ne nous quittons plus depuis quelque trente-cinq ans, mais parce qu'il a une physionomie particulière, et qu'il gagne à être connu. [...]

Bien que je n'y habite pas en ce moment – mais j'y retourne à chaque instant pour y retrouver mes chers fantômes, et j'y reviendrai peut-être un jour, honteux et repentant – je tiens ce que j'appelle mon quartier, c'est-à-dire ce dixième arrondissement, pour le plus poétique, le plus familial et le plus mystérieux de Paris. Avec ses deux gares, vastes music-halls où l'on est à la fois acteur et spectateur, avec son canal glacé comme une feuille de tremble et si tendre aux infiniment petits de l'âme, il a toujours nourri de force et de tristesse mon cœur et mes pas.

Il est bon d'avoir à la portée de l'œil une eau calme comme un potage de jade à la surface duquel cuisent des péniches, des passerelles aux courbes d'insectes amoureux, des quais robustes et désespérés, des fenêtres fermées sur des misères violentes, des boutiques pour lesquelles le métro aérien imite Wagner et Zeus, des garnis lourds et bruns comme des algues, de belles filles de boulevard poussées dans ce jardin sévère avec la grâce littéraire des ancolies, des bougnats, des trains qui ont la longueur d'un instant de cafard, des chats qu'on sent lourds de moulins à café, des potassons sédentaires, des bouifs centenaires, des dentistes quaternaires... le tout auréolé des fumées des trains et des bateaux qui barbouillent les ponts de savon à barbe et font penser à la géographie. Bâle, Zurich, Bucarest, Coire, Nancy, Nuremberg, Mézières-Charleville, Reims et Prague, tous ces jouets de la mémoire me viennent de la gare de l'Est...

Et puis, il y a les drames d'entre péniches, les coups de blanc sur des zincs luisants comme des rails ; il y a les amours verdâtres des chambres malsaines et douces, la vie intérieure des concierges, le galop des chevaux de brasseurs, les batailles des camions et des marchés ; il y a les clients de passage et les habitants de toujours, les démonstrations d'accordéons, des bals comme le Tourbillon, les bancs, les entrepôts, les escaliers, les sirènes, labyrinthes de sentiments et d'allées et venues que mon cher Eugène Dabit avait très bien sentis, lui qui était de mon coin, et du bâtiment. On a essayé de rendre tout cela dans le film arraché à son gentil et triste bouquin, mais « ce n'est pas la même chose... »

Je suis encore en relation dans ce quartier où reposent mes souvenirs, avec des personnes qui l'ont connu peu après l'époque des premiers chemins de fer, et les sifflements ininterrompus des gares les poussent à me citer des chiffres qui ont autant d'attraits pour mon imagination que la guerre des fourmis qu'on signale actuellement dans le Sud des États-Unis. Elles me parlent du temps où il y avait 812 kilomètres de voies ferrées en France, le tout ayant coûté 280 millions de francs. On allait de Paris à Rouen par les bateaux à vapeur, les *Étoile* et les *Dorade*. Le double aigle de 10 dollars-or valait 55 fr. 21. Les maîtres de poste vous louaient leurs chevaux à raison de 20 centimes le kilomètre... N'est-ce pas aussi beau que les contes d'Andersen ? Qui me racontait tout cela ? Ma mère, née en 1838, et qui avait de vieilles amies. Et lorsque nous nous réunissions, faubourg Saint-Martin, ou rue Château-Landon, pour bavarder, soit avec des patriarches de la Chapelle, soit avec de nobles dames de la rue Lafayette, Champs-Élysées de l'arrondissement, c'était pour parler de Paris comme de la capitale de la civilisation.

Nous étions alors isolés du monde, au Nord, par la barrière de Saint-Martin, à l'extrémité du faubourg. C'était une jolie rotonde composée de quatre péristyles en saillie, ornée de huit pilastres d'ordre toscan, le tout couronné par une galerie circulaire aux quatre colonnes accouplées soutenant vingt arcades. Cela avait une gueule de tous les tonnerres. Une de mes églises est toujours Saint-Laurent, décollée par la Révolution. Nous comptions parmi nos curiosités la Maison Royale de Santé, rue du faubourg Saint-Denis, l'Hospice des Incurables pour les hommes, faubourg Saint-Martin, l'Hôtel au Plat d'Étain, 256, rue Saint-Martin, d'où partaient les diligences. Puis vinrent s'ajouter progressivement, à ces bases anciennes, l'Hôpital Lariboisière, le Théâtre Molière, la Maison de Santé Dubois, les gares, les grandes épiceries, les belles boucheries, le métro, les cinémas, les piscines, les cliniques pour chiens pauvres, les Dents pour Tous, les stations de taxis et les postes de radio. Sans parler de l'encombrement dont je ne dirai rien, me souvenant à ce propos de ce qu'écrivait Pierre Véron, en 1884 : « ... Les tramways, ces mastodontes beuglants qui vont tout droit sans s'inquiéter de ce qu'ils bousculent, de ce qu'ils tuent !... Les voitures-réclame qui trimbalent dans les rues des boniments ineptes... Avant cinq ans, la circulation s'exaspérant de plus en plus, je défie qu'ils continuent à parcourir le boulevard de Strasbourg, le boulevard de Sébastopol, etc. Il y aura impossibilité matérielle ! Quand les tramways auront amené des encombrements de quarante-huit heures, il faudra bien qu'on se décide à nous délivrer de ces hippopotames du ruisseau ! Ça, c'est sûr ! Je n'insiste pas ! Il n'y a qu'à attendre !... » Cela fait rêver, n'est-ce pas ? Non pas à ce qui fut, mais à ce qui sera...

Le Piéton de Paris

Hélas, terrassé par une attaque d'hémiplégie qui le tiendra immobilisé durant les quatre dernières années de sa vie, Fargue ne reviendra plus jamais dans le quartier de son enfance ! Il mourra à son domicile du boulevard

Montparnasse, à deux pas du cimetière où il est désormais enterré. D'entre ses « chers fantômes » et autres vestiges du passé, distinguons le tramway, tant décrié en son temps, et qui fait un retour en force dans la plupart de nos villes. Au passage, on notera que les embarras de la circulation, à Paris, ne datent pas d'aujourd'hui. Parmi les nouveautés du quartier, mentionnons le square Villemin et le couvent des Récollets, entièrement réaménagés, et qui constituent une agréable promenade entre la gare de l'Est et le canal Saint-Martin. Précisons que le film *Hôtel du Nord*, de Marcel Carné, d'après le roman homonyme d'Eugène Dabit, a été entièrement tourné en studio. En revanche, le canal Saint-Martin a bien servi de décor naturel pour *L'Atalante* de Jean Vigo. Enfin, songeant à ce qui fut et à ce qui serait, Léon-Paul Fargue pouvait-il imaginer que ce quartier populaire du nord-est parisien deviendrait l'un des plus convoités des « bobos » de ce début du XXIe siècle !

ROBERT WALSER

Signe extérieur de richesse

« Un matin, l'envie me prenant de faire une promenade, je mis le chapeau sur la tête et, en courant, quittai le cabinet de travail ou de fantasmagorie pour dévaler l'escalier et me précipiter dans la rue. » Ainsi commence le récit de l'écrivain suisse Robert Walser (1878-1956), titré La Promenade *et datant de 1917, qui nous conduit à travers les rues, les faubourgs et la proche campagne environnante d'une ville qui ressemble étrangement à Berlin. Le récit de ses déambulations, du matin jusqu'au soir, nous le montre évoluant au milieu de situations cocasses et condensées, comme dans un rêve. Entre autres multiples aventures, le narrateur, au cours de ses errances, doit aller plaider, dans l'après-midi, sa cause d'écrivain pauvre auprès du directeur des impôts, afin que celui-ci consente à maintenir sa « solvabilité au niveau le plus bas possible ». Mais pour ce faire, il doit se justifier, au préalable, de sa pratique effrénée de la promenade !*

Le directeur ou taxateur déclara :

– Mais on vous voit toujours en train de vous promener !

– La promenade, répliquai-je, m'est indispensable pour me donner de la vivacité et maintenir mes liens avec le monde, sans l'expérience sensible duquel je ne pourrais ni écrire la moitié de la première lettre d'une ligne, ni rédiger un poème, en vers ou en prose. Sans la promenade, je serais mort et j'aurais été contraint depuis longtemps d'abandonner mon métier, que j'aime passionnément. Sans promenade et collecte des faits, je serais incapable d'écrire le moindre compte rendu, ni davantage un article, sans parler d'écrire une nouvelle. Sans promenade, je ne pourrais recueillir ni études, ni observations. Un homme aussi subtil et éclairé que vous comprendra cela immédiatement.

« En me promenant longuement, il me vient mille idées utilisables, tandis qu'enfermé chez moi je me gâterais et me dessécherais lamentablement. La promenade pour moi n'est pas seulement saine, mais profitable, et pas seulement agréable, mais aussi utile. Une promenade me sert professionnellement, mais en même temps elle me réjouit personnellement ; elle me réconforte, me ravit, me requinque, elle est une jouissance, mais qui en même temps a le don de m'aiguillonner et de m'inciter à poursuivre mon travail, en m'offrant de nombreux objets plus ou moins significatifs qu'ensuite, rentré chez moi, j'élaborerai avec zèle. Chaque promenade abonde de phénomènes qui méritent d'être vus et d'être ressentis. Formes diverses, poèmes vivants, choses attrayantes, beautés de la nature : tout cela fourmille, la plupart du temps, littéralement au cours de jolies promenades, si petites soient-elles. Les sciences de la nature et de la terre se révèlent avec grâce et charme aux yeux du promeneur attentif, qui bien entendu ne doit pas se promener les yeux baissés, mais les yeux grands ouverts et le regard limpide, si du moins il désire que se manifeste à lui la belle signification, la grande et noble idée de la promenade. [...]

« Enfin, bref : je gagne mon pain quotidien en pensant, ruminant, creusant, fouillant, méditant, versifiant, cherchant, examinant et en me promenant, et j'en bave autant qu'un autre. Tout en faisant peut-être les mines les plus réjouies, je suis extrêmement sérieux et consciencieux, et, quand je n'ai l'air d'être rien qu'exalté et tendre, je suis un professionnel irréprochable. Puis-je espérer, ayant fait devant vous cette déclaration détaillée de mes aspirations visiblement honnêtes, vous avoir amplement convaincu ?

Le fonctionnaire dit : « bon », et il ajouta :

– Votre requête tendant à obtenir notre accord pour que soit fixé au niveau le plus bas le taux de votre imposition va être examinée. La réponse y afférente et prochaine, qui conclura par la négative ou positivement, sera portée à votre connaissance. Pour nous avoir fait aimablement un rapport véritable et des déclarations aussi sincères qu'empressées, nous vous remercions cordialement. À présent vous pouvez vous retirer, afin de gentiment continuer votre promenade.

La Promenade,
traduit de l'allemand par Bernard Lortholary

Étrange texte prémonitoire que *La Promenade,* où à la fin du récit, tandis que la journée s'achève, le narrateur s'étend sur le sol, à l'abri d'un arbre proche d'une rive, épuisé et en pleine méditation : « Considérant la terre, l'air et le ciel, je fus saisi de l'idée morose, irrésistible, qui me contraignait à me dire qu'entre ciel et terre j'étais un pauvre prisonnier, que tous nous étions lamentablement enfermés de la sorte, que pour nous tous il n'y avait nulle part un chemin menant dans l'autre monde, sinon ce chemin unique qui nous conduit à descendre dans le trou sombre, dans le sol, dans la tombe. » Étrange, en effet, quand on sait qu'en 1929 Robert Walser sera définitivement interné dans un asile d'aliénés, et que, au lendemain de la nuit de Noël 1956, on le retrouvera mort, allongé dans la neige, son chapeau soigneusement posé près de son corps !

WALTER BENJAMIN

Flâneries capitales

Natif de Berlin, lieu de ses premières promenades, l'écrivain et philosophe juif allemand Walter Benjamin (1892-1940) fut contraint à l'exil et acculé au suicide pour échapper aux nazis. Connu principalement pour son livre consacré aux passages parisiens, cet inlassable piéton avait publié plusieurs articles sociologiques et descriptifs sur quelques grandes villes d'Europe dont nous reproduisons ici des extraits. Rédigés à la fin des années vingt, ces textes ont été regroupés et traduits en français sous le titre générique de Paysages urbains. *Des croquis savoureux et érudits, toujours d'actualité, où sont également évoqués : Weimar, Marseille, San Gimignano et la mer du Nord.*

LES TROTTOIRS DE BERLIN

Berlin est une ville déserte. Les hommes et les groupes qui vont dans les rues ont la solitude autour d'eux. Le luxe berlinois semble indicible. Et il commence dès l'asphalte. Car la largeur des trottoirs est princière. Ils font du plus pauvre des diables un grand seigneur qui parade sur la terrasse de son château. Les rues de Berlin sont princièrement désertes, princièrement solitaires.

MOSCOU-VILLAGES

Les rues de Moscou sont d'une nature particulière : le village russe y joue à cache-cache. Lorsqu'on franchit une des grandes portes cochères – qu'on peut souvent fermer par une grille en fer forgé, mais je n'en ai jamais vu de fermées réellement – on se trouve au seuil d'une vaste colonie. Une grande ferme ou un village s'ouvre là, large et spacieux. Le sol est inégal, les enfants circulent en traîneau, des remises pour le bois et les outils occupent les coins, des arbres poussent dispersés, des escaliers étroits donnent à la façade des maisons qui, vues de la rue, ont une allure citadine, l'apparence d'une ferme russe. Des églises se dressent souvent dans ces cours, exactement comme sur la large place d'un village. La rue prend ainsi la dimension de la campagne. Il n'y a pas non plus de ville occidentale qui s'étende avec ses places géantes de manière aussi uniforme, aussi villageoise, et qui semble toujours détrempée par le mauvais temps, la neige qui fond ou la pluie. Parmi ces vastes places rares sont celles qui portent un monument. [...] Nulle part Moscou ne semble être la ville elle-même ; tout au plus sa banlieue. Le sol humide, les baraques en planches, les longs convois de matière première, le bétail que l'on pousse à l'abattoir, les cabarets misérables, on rencontre tout cela dans les parties les plus animées. [...] Dans les rues des faubourgs, à côté des larges allées, les cabanes de paysans alternent avec les villas 1900 ou la sobre façade d'un immeuble de huit étages. La neige est haute et, si brusquement un silence s'installe, on peut se croire au fin fond de la Russie dans un village qui hiberne. Ce qui inspire le désir nostalgique de Moscou, ce n'est pas seulement la neige avec son éclat d'étoile la nuit et ses cristaux comme des fleurs le jour. C'est aussi le ciel. Car l'horizon des vastes plaines pénètre toujours dans la ville entre ses toits humiliés.

PARIS À LIVRE OUVERT

Aucune ville n'est liée aussi intimement au livre que Paris. Si Giraudoux a raison quand il dit que l'homme a le plus haut sentiment de liberté en flânant le long d'un fleuve, la flânerie la plus achevée, par conséquent la plus heureuse, conduit ici encore vers le livre, et dans le livre. Car depuis des siècles le lierre des feuilles savantes s'est attaché sur les quais de la Seine : Paris est la grande salle de lecture d'une bibliothèque que traverse la Seine.

Pas un monument de cette ville qui n'ait inspiré un chef-d'œuvre de la littérature. Notre-Dame, nous pensons au roman de Victor Hugo. La Tour Eiffel – *Les mariés de la Tour Eiffel* de Cocteau ; avec la « Prière sur la Tour Eiffel » de Giraudoux, nous sommes déjà sur les hauteurs vertigineuses de la littérature moderne. L'Opéra : avec le célèbre roman policier de Gaston Leroux, *Le Fantôme de l'Opéra*, nous nous trouvons dans les souterrains de cet édifice et, aussi bien, de la littérature. L'arc de Triomphe fait le tour du monde avec le *Tombeau du soldat inconnu* de Raynal. Cette ville s'est indissolublement inscrite dans l'écrit parce qu'elle-même est animée d'un esprit qui est proche des livres. N'a-t-elle pas, comme un romancier expérimenté, préparé de longues dates les thèmes les plus fascinants de sa construction ? Voilà les grandes routes stratégiques qui devaient jadis assurer aux troupes l'entrée dans Paris, à partir de la Porte Maillot, de la Porte de Vincennes, de la Porte de Versailles. Et, un beau matin, du jour au lendemain, Paris eut pour ses voitures les plus belles avenues parmi toutes les villes d'Europe. Voilà la Tour Eiffel – pur et libre monument de la technique, au sens sportif – et un beau jour, en une nuit, une station de radio européenne. Et les places vides à l'infini : ne sont-ce point les pages solennelles, des hors-texte dans les volumes de l'histoire mondiale ?

Paysages urbains,
In *Sens unique*,
traduit de l'allemand par Jean Lacoste

HENRI CALET

Psychanalyse de la promenade

Né à la Villette et ayant passé l'essentiel de sa vie dans le XIVe arrondissement, Henri Calet (1904-1956), autre incontournable « piéton de Paris », sillonnait inlassablement les rues de la capitale, avec, toutefois, une certaine prédilection pour les beaux quartiers. Notamment du côté de la place des Ternes, où, enfant, il vécut avec sa mère, qui y pratiquait divers petits métiers pour subvenir à leur existence. Le récit de ses déambulations constitue la matière de la plupart de ses meilleurs livres, tels que Les Grandes Largeurs *ou* Le Tout sur le tout, *où à l'évocation de l'histoire de France se mêlent les souvenirs les plus intimes de celui que l'on tient pour l'inventeur du journalisme subjectif. À lire Calet, il semble que la marche libère chez nous des pans entiers de notre inconscient. Pour preuve, les chants patriotiques et les mots incongrus qui sortent de la bouche de cet anarchiste patenté, quand il se retrouve dans le Paris de ses jeunes années ! Y rêvait-il alors à de glorieuses destinées ? Et nos promenades équivalent-elles à une forme d'auto-analyse ?*

J'en fais volontiers l'aveu : j'ai toujours été attiré par les quartiers riches. Parfois, quand l'envie est très forte, je me décide à y aller en autobus, du XIVe au XVIIe, du sud à l'ouest. Et je ne sais rien qui me donne un plaisir plus complet ni plus sûr que ces équipées. [...]

Je descends à l'Étoile.

Oui, j'aime les vastes et longues avenues qui partent de l'Arc de Triomphe, ou qui y aboutissent ; j'aime leurs noms. Il souffle continûment par là une brise de gloire et d'éternité qui ne vient pas dans nos rues où l'on prend, petit à petit, l'habitude de regarder les hommes et les choses par le gros bout de la lorgnette. C'est ce qui nous fait le plus défaut : une certaine ampleur de vue, une certaine élévation de caractère et aussi un certain sens historique. On dirait que nous ne pouvons nous retenir de ramener les événements et leurs causes à notre taille et à notre entendement ; nous sommes de petites gens, en vérité.

S'il nous était permis de nous installer à demeure dans ces quartiers élégants, peut-être, dans cette climature, deviendrions-nous rapidement des personnes présentables. Je crois au tellurisme. Nous finirions par acquérir des pensées neuves et bourgeoises, correctes pour le moins, comme sur mesures, au lieu de ces idées de confection que nous portons. [...]

Chaque plaque indicatrice nous remémore une victoire napoléonienne : Wagram, Friedland, Iéna, Tilsitt (est-ce une victoire ?... Ca sent fort l'épopée, les bottes, la poudre à canon... Je m'attarde à relire des noms de généraux, de maréchaux prestigieux : Hoche, Kléber, Marceau, Mac Mahon, Foch... Il me revient quelque phrase immortelle : « J'y suis, j'y reste ! » ou : « Après vous, Messieurs les Anglais !... » Je ne suis plus le même. Un vent grisant monte qui fait claquer des étendards dans mon cerveau. C'est plus exaltant que : rue Hippolythe Maindron, ou : rue Brézin. Qui étaient-ils, ces bonshommes-là ? D'après le dictionnaire Larousse, l'un était sculpteur, l'autre philanthrope. Deux civils, en tout cas. Tandis que sur cette place, on est de plain-pied dans un passé triomphal, c'est une sorte de leçon d'histoire en plein air – et je voudrais dire : de plein fouet. Tout cela me réconforte, me retrempe et je me prends à fredonner des fragments de refrains patriotiques appropriés, tels que *Le rêve passe* ou *En r'venant d'la r'vue*... J'ai toujours eu la marotte de chanter en marchant de-ci de-là par les rues; c'est une façon d'orner le temps à mesure qu'il se dévide, je le festonne... Un joli travail de patience. J'en ai des piles entières dans mes armoires. Ce sera pour mes héritiers.

J'ai aussi la lubie de soliloquer... Non, ce n'est pas vraiment cela... Il m'arrive souvent de m'entendre articuler des mots ou des bouts de phrases, dépourvus généralement du moindre sens, ou, plus précisément, ne s'appliquant à rien. Je jurerais que c'est quelqu'un d'autre qui vient de parler.

Tantôt, c'est comme une réponse à une question, mais laquelle :

– Ah, ça non!

C'est dit avec énergie.

Ou tantôt une approbation :

– Oui, c'est ça, mon vieux.

Je n'y comprends rien. Ou c'est un chiffre, un nombre qui me sort de la bouche :

– Quatre-vingt-deux...

À moins que je ne dise gentiment : « Au revoir » à je ne sais qui.

D'autrefois, je me mets à crier en moi-même des grossièretés dont j'ai honte aussitôt; ce n'est pas mon langage habituel :

– Allez vous faire enfifrer, tas de sagouins!

Où ai-je appris ces saletés ? Est-ce que cela n'apporte pas la preuve qu'il s'agit d'un autre ? À qui s'adressent ces injures ? À quel ennemi invisible ? Suis-je un peu fou ? N'y a-t-il pas lieu de s'alarmer ? C'est comme lorsque, la nuit, on dort mal, mais c'est le jour…

Les Grandes Largeurs

JULIEN GRACQ

L'arpenteur des ruines

Les livres de Julien Gracq sont autant d'invites à la promenade : une promenade tout à la fois historique, littéraire et géographique. S'inspirant, par son titre, du célèbre vers de Baudelaire, La Forme d'une ville *est principalement consacré à Nantes : la première grande ville où il fut interne puis professeur dans le même collège, avant de poursuivre sa carrière à Paris. Plutôt que ses monuments et son unité architecturale, ce que l'auteur du* Rivage des Syrtes *préfère découvrir au cours de ses promenades urbaines, ce sont les lignes de fracture historiques, telles qu'en offre le chaos des ruines ou des grands chantiers, et aussi l'interpénétration, l'indétermination, entre culture et nature. Rien ne parle plus à son imagination poétique que ces sortes de clairières en ville ou de balcons en forêt, ainsi qu'on le verra dans un autre extrait (p. 79), où il considère Fontainebleau, avec ses grandes allées rectilignes, comme une véritable cité des arbres.*

Il y a cependant dans le Nantes d'aujourd'hui une ligne de fracture, le long de laquelle la forte cohésion du gâteau urbain, à peine craquelé par les fentes étroites de ses rues, qui en fait pour moi vraiment une ville, et non un échantillonnage monumental, se rompt, et intercale dans sa substance une cicatrice mal refermée, une béance que la vie n'a pas colmatée tout à fait : le double lit comblé des bras de la Loire, de part et d'autre de l'ancienne île Feydeau. Il m'arrive plus d'une fois d'être séduit par les distensions, et même les déchirures, que crée momentanément en plein centre d'une ville l'arasement d'un quartier vétuste, ou, plus durablement, un champ de ruines de guerre qu'on s'est découragé de reconstruire, un champ de ruines historiques tenant en respect le front d'urbanisation qui l'assiège. J'ai beaucoup aimé, pendant des années, avant la construction du Centre Georges Pompidou, m'aventurer à la nuit tombée sur le plateau Beaubourg, lissé, nettoyé de ses décombres, et palissadé à distance par les masses obscures des immeubles conservés, couturés sur leurs murs de refend des cicatrices d'escaliers fantômes, et balisés à leur base par un faible cordon de lumières très étiré : c'était le seul point de Paris sur lequel on voyait tomber en nappe unie le clair de lune, comme sur une clairière de forêt. Et, quand j'ai visité Rome tardivement, je me suis trouvé tout de suite faiblement attiré par le Forum, chantier encombré de matériaux où me frappait la qualité pauvre, l'usage mesquin du *contre-plaqué* architectural, et dont le premier aspect n'est pas loin d'évoquer pour un œil non prévenu, plutôt que les éboulis nobles des moellons de Delphes ou du Macchu-Picchu, une foire aux puces du débris historique. Ce qui dérivait immanquablement dans sa direction le cours de mes promenades, c'étaient les friches, les pâtis de chèvre semés de chicots rocheux du mont Palatin, totalement imprévus pour moi, où le vent inclinait les herbes sauvages en plein cœur de la ville, ou encore l'immense berceau de gazon inhabité du Circo Massimo, allongé entre les maisons comme un hippodrome désaffecté, prémuni contre les lotissements par quelque tabou municipal. Ces clairières urbaines contre nature, ces enclos de solitude amis du vent, restitués à la sauvagerie et aux plantes folles, et où il semble qu'on ait semé du sel, je ne me lasserais pas aisément de les arpenter : l'air qui les balaie, pour toute la place nette que le hasard a faite ici de l'alluvion étouffante du souvenir, a plus qu'ailleurs un goût de liberté.

La Forme d'une ville

GEORGES PEREC

Un homme qui marche

Marcher pour ne pas mourir ou devenir fou ? Avant de sombrer profondément dans la dépression, le narrateur de Un homme qui dort, *de Georges Perec (1936-1982) était un homme qui marchait. Jusqu'à ce qu'il se retire définitivement sur sa couche, dans sa mansarde, parfaitement indifférent au monde. Ses errances, plus que des promenades, ressemblaient à des tentatives d'inventaires exhaustifs des lieux : marcher pour classer et retrouver ses repères. On notera, au passage, le dédoublement du personnage, principal et unique, du récit, qui se parle à lui-même et se dit « tu »…*

Tu traînes. Tu imagines un classement des rues, des quartiers, des immeubles : les quartiers fous, les quartiers morts, les rues-marché, les rues-dortoir, les rues-cimetière, les façades pelées, les façades rongées, les façades rouillées, les façades masquées.

Tu longes les petits squares, dépassé par les enfants qui courent en laissant glisser sur les grilles une règle de fer ou de bois. Tu t'assieds sur les bancs de lattes vertes aux pieds de fonte sculptés en forme de pattes de lion. De vieux gardiens infirmes discutent avec des nurses d'un autre âge. Avec la pointe de ta chaussure, tu traces dans la terre à peine sableuse des ronds, des carrés, un œil, tes initiales.

Tu découvres des rues où nulle voiture jamais ne passe,

où nul presque ne semble habiter, sans autre magasin qu'une boutique fantôme, une couturière à façon avec sa vitrine tendue de rideaux en voile où semblent avoir été de tout temps exposés le même mannequin blafard décoloré par le soleil, les mêmes plaques de boutons fantaisie, les mêmes gravures de mode qui portent pourtant la date de l'année, ou bien un matelassier proposant ses ressorts, ses pieds de lit en boule, en noyau d'olive, en fuseau, ses différentes qualités de crin et de coutil, ou bien un cordonnier dans son recoin servant d'échoppe, dont la porte est un rideau fait de bouchons plats en plastiques enfilés sur des fils de nylon.

Tu découvres les passages : Passage Choiseul, Passage des Panoramas, Passage Jouffroy, Passage Verdeau, leurs marchands de modèles réduits, de pipes, de bijoux en strass, de timbres, leurs cireurs, leurs comptoirs à hot-dogs. Tu lis, une à une, les cartes pâlies affichées à la devanture d'un graveur : Docteur Raphaël Crubellier, Stomatologiste, Diplômé de la Faculté de Médecine de Paris, sur rendez-vous seulement, Marcel-Émile Burnachs S.A.R.L. Tout pour les Tapis, Monsieur et Madame Serge Valène, 11 rue Lagarde, 214 07 35 ; Réunion de l'Amicale des Anciens élèves du collège Geoffroy Saint-Hilaire, Menu : Les Délices de la mer sur le lit des glaciers, le Bloc du Périgord aux perles noires, la Belle argentée du lac. [...]

Qu'il fasse beau, qu'il fasse laid, que la pluie tombe ou que le soleil brille, que le vent souffle en rafales ou que nulle feuille ne bouge aux arbres, que l'aube éteigne les réverbères, que le crépuscule les rallume, que tu sois perdu dans la foule ou seul sur une place déserte, tu marches encore, tu traînes encore.

Tu inventes des périples compliqués, hérissés d'interdits qui t'obligent à des détours. Tu vas voir les monuments. Tu dénombres les églises, les statues équestres, les pissotières, les restaurants russes. Tu vas voir les grands travaux le long des berges, près des portes, les rues éventrées pareilles à des champs labourés, les canalisations, les immeubles que l'on met à terre.

Un homme qui dort

Une adaptation cinématographique de *Un homme qui dort* a été tournée en 1974, sous la direction de Bernard Queysanne et de Georges Perec. Unique interprète, le comédien Jacques Spiesser y dit, en voix off, le texte intégral de l'auteur, et prête également sa silhouette, muette, au personnage fantomatique du film. Cette œuvre, austère et sublime, a été réalisée, en noir et blanc, la même année que *India Song*, de Marguerite Duras (voir l'extrait plus loin : La femme qui marche) !

PATRICK MODIANO

Nice mélancolie

Toujours semblable et toujours différent, le narrateur des romans de Patrick Modiano est un inlassable arpenteur des rues à la recherche de son lointain ou proche passé. Avec pour tout indice des noms de lieux et de personnes. Un index échappé de vieux annuaires jaunis. Là aussi, plus que des promenades, ses déambulations sont des errances : les quêtes d'une âme en peine tentant vainement de confronter les bribes de ses origines à ses propres souvenirs. Une enquête nostalgique afin de conjurer un fort sentiment d'irréalité. Paris, la banlieue Ouest ou des bords de la Marne, Genève, Annecy et quelques autres villes d'eaux et stations balnéaires, comme ici Nice, constituent la géographie personnelle où s'articulent les histoires fantomatiques de Modiano.

Il faisait tiède. J'ai marché jusqu'au jardin d'Alsace-Lorraine et je me suis assis sur un banc, derrière les balançoires et le bac à sable. J'aime cet endroit, à cause des pins parasols et des immeubles qui se découpent si nets sur le ciel. L'après-midi, je venais quelquefois m'asseoir ici avec Sylvia. Nous étions en sécurité parmi toutes ces mères qui surveillent leurs enfants. Et les gens, autour de nous, ne nous prêtaient guère attention. Nous aussi, après tout, nous pouvions avoir des enfants qui glissaient sur le toboggan ou bâtissaient des châteaux de sable. [...]

Il fallait choisir une ville importante où nous passerions inaperçus. Nice comptait plus de cinq cent mille habitants parmi lesquels nous pouvions disparaître. Ce n'était pas une ville comme les autres. Et puis, il y avait la Méditerranée…

Une fenêtre est allumée au troisième étage de l'immeuble qui faisait le coin du square et du boulevard Victor-Hugo, là où habitait Mme Efflatoun Bey. Est-ce qu'elle vit toujours ? Je devrais sonner à sa porte ou questionner la concierge. Je contemple la fenêtre éclairée d'une lumière jaune. Déjà, à l'époque de notre arrivée dans cette ville, Mme Efflatoun Bey avait vécu sa vie depuis longtemps et je me demandais si elle en conservait de vagues souvenirs. C'était un fantôme aimable, parmi les milliers d'autres fantômes qui peuplent Nice. Quelquefois, l'après-midi, elle venait s'asseoir sur un banc de ce jardin d'Alsace-Lorraine, à côté de nous. Les fantômes ne meurent pas. Il y aura toujours de la lumière à leurs fenêtres, comme à celles de tous ces immeubles ocre et blanc qui m'entourent et dont les pins parasols du square cachent à moitié les façades. Je me lève. Je suis le boulevard Victor-Hugo et je compte machinalement les platanes.

Au début, quand Sylvia m'a rejoint ici, je voyais les choses d'une manière différente que je ne les vois ce soir. Nice n'était pas cette ville familière où je marche pour retrouver le hall du Majestic et ma chambre au radiateur inutile. Heureusement les hivers sont doux sur la côte d'Azur et cela m'indiffère de dormir avec un manteau. C'est du printemps que j'ai peur. Il revient chaque fois comme une lame de fond, et chaque fois je me demande si je ne vais pas basculer par-dessus bord.

Je croyais que ma vie prendrait un cours nouveau et qu'il suffirait de rester quelques temps à Nice pour effacer tout ce qui avait précédé. Nous finirions par ne plus sentir le poids qui pesait sur nous. Ce soir-là, je marchais d'une allure beaucoup plus rapide que celle d'aujourd'hui. Rue Gounod, j'étais passé devant le salon de coiffure. Son néon rose brille toujours – je n'ai pu m'empêcher de le vérifier avant de poursuivre ma marche.

Je n'étais pas encore un fantôme, comme ce soir. Je me disais que nous allions tout oublier et tout recommencer à zéro dans cette ville inconnue. Recommencer à zéro. C'était la phrase que je me répétais en suivant la rue Gounod d'un pas de plus en plus léger.

« Tout droit », m'avait dit un passant auquel j'avais demandé le chemin de la gare. Tout droit. J'avais confiance dans l'avenir. Ces rues étaient nouvelles pour moi. Aucune importance si je me guidais un peu au hasard. Le train de Sylvia n'arrivait en gare de Nice qu'à dix heures et demie du soir.

Dimanches d'août

Furtive âme sœur, la jeune Sylvia Villecourt, rencontrée sur les bords de la Marne et avec laquelle le narrateur avait fui à Nice, disparaîtra à son tour, emportant avec elle le mystérieux diamant la Croix du Sud qu'elle avait dérobé ? Dès lors, il se retrouvera seul, face à ses propres fantômes, errant loin du Nice pittoresque de la Vieille Ville, entre les anciens palaces des hauteurs de Cimiez et le quartier des Musiciens. Cadre modianesque par excellence pour l'auteur de *La Place de l'Étoile,* qui nous a révélé les principales clés de son imaginaire dans *Un pedigree* (Gallimard, 2005) : « Je suis né le 30 juillet 1945, à Boulogne-Billancourt, 11 allée Marguerite, d'un juif et d'une Flamande qui s'étaient connus à Paris sous l'Occupation. J'écris juif, en ignorant ce que le mot signifiait vraiment pour mon père et parce qu'il était mentionné, à l'époque, sur les cartes d'identité. » Si son père, personnage interlope, s'était conformé aux directives de l'administration de Vichy, Patrick Modiano ne serait probablement jamais né ! D'où un fort sentiment d'irréalité ? Renforcé par l'éducation relâchée, donnée tant bien que mal par des parents quelque peu déracinés. Et Modiano de s'excuser : « Que l'on me pardonne tous ces noms et d'autres qui suivront. Je suis un chien qui fait semblant d'avoir un pedigree. Ma mère et mon père ne se rattachent à aucun milieu bien défini. Si ballottés et si incertains que je dois bien m'efforcer de trouver quelques empreintes et quelques balises dans ce sable mouvant comme on s'efforce de remplir avec des lettres à moitié effacées une fiche d'état civil ou un questionnaire administratif. »

REBECCA SOLNIT

Politique de la marche

L'Américaine Rebecca Solnit a publié un remarquable essai sur l'histoire de la marche, traduit en plusieurs langues. Une somme universelle, indispensable, pour qui voudrait approfondir le sujet. Et qui se lit comme une longue et érudite flânerie et s'appuie sur une interdisciplinarité très large : « Aussi bien l'anatomie que l'anthropologie, le jardinage, la géographie, l'histoire politique et culturelle, la sexualité, l'étude des religions. » Pas moins ! C'est alors qu'elle était militante activiste contre les essais nucléaires, au début des années quatre-vingt, sur le site du Nevada, qu'elle prit conscience de la beauté des lieux, de la lumière spectaculaire du désert et du sentiment de liberté que procure son immensité : « Nous manifestions en marchant : ce qui, du côté autorisé au public, s'apparentait à une procession solennelle se transformait du côté interdit en violation de propriété passible d'arrestation. Nous nous sommes ainsi engagés dans un mouvement de désobéissance ou de résistance civile d'une ampleur encore inégalée… » Par la suite, installée en Californie, Rebecca Solnit est devenue écrivain et s'est principalement intéressée à la marche, qui est aussi une autre façon de résister, quand on constate qu'il devient de plus en plus difficile, voire suspect, de marcher !

Marcher, c'est être dehors, dans l'espace public, un espace lui aussi à l'abandon dans les vieux centres urbains, délaissé, éclipsé par des technologies et des services qui rendent superflu de quitter la maison, trop souvent hanté par la peur ; les lieux inconnus étant toujours plus inquiétants que les lieux familiers, moins on s'aventure dans la ville et plus elle paraît menaçante, moins les promeneurs y sont nombreux et plus ils s'y sentent seuls et courent de vrais dangers. Parallèlement, il est rare que l'espace public soit seulement pris en compte dans les plans des nouveaux quartiers : les anciennes places sont « repensées » pour accueillir des automobiles, le centre commercial a remplacé la grand-rue, les trottoirs disparaissent, les gens rentrent chez eux par le garage, il n'y a plus d'agora devant les hôtels de ville et des murs, des grilles, des barrières protègent le moindre bâtiment. La peur a inspiré tout un style d'architecture et d'aménagement urbain qui saute aux yeux en Californie du Sud où le piéton s'attire aujourd'hui la suspicion des habitants des lotissements et des ensembles résidentiels protégés. En même temps, la campagne et les abords des villes qui autrefois invitaient à la balade disparaissent, engloutis par des banlieues où l'on ne circule plus qu'en voiture, confisqués d'une manière ou d'une autre. Il est aujourd'hui des lieux où il est exclu d'être dehors en public, ce qui compromet gravement, non seulement les émerveillements du promeneur solitaire, mais aussi l'exercice collectif de la démocratie. C'est déjà à cette fragmentation des vies et des paysages que nous résistions, dans l'immensité infinie du désert provisoirement transformé en place publique.

Quand l'espace public disparaît, le corps, comme l'exprimait joliment Sono [*une amie marcheuse*], ne suffit plus à transporter la personne. Avec Sono, nous avions aussi parlé de cette découverte qu'après tout nos quartiers, tenus pour certains des endroits les plus dangereux de Los Angeles, ne sont pas aussi épouvantables qu'on veut le croire, même s'ils ne sont pas assez sûrs pour qu'on puisse y oublier les règles élémentaires de la prudence. Il m'est arrivé de me faire menacer ou agresser, dans les rues de mon quartier, mais mille fois plus souvent de tomber sur des amis qui passaient par là. Je rêve devant la vitrine du libraire et j'échange des amabilités avec mes loquaces voisins, je m'arrête devant une merveille architecturale, une affiche de concert, des graffitis ironiques tracés à même les murs ou des tracts collés sur les poteaux de téléphone – à cause d'une diseuse de bonne aventure, de la lune qui se lève entre les immeubles, des bribes éparses de la vie d'autrui, des arbres citadins bruissant de chants d'oiseaux. C'est à la faveur du hasard, inespéré, que nous trouvons ce que nous cherchions sans le savoir, et aussi longtemps qu'un endroit ne nous surprend pas nous ne pouvons prétendre le connaître. Marcher permet de se prémunir contre ces atteintes à l'intelligence, au corps, au paysage, fût-il urbain. Tout marcheur est un gardien qui veille pour protéger l'ineffable.

L'Art de marcher,
traduit de l'américain par Cristelle Bonis
© Éditions Acte Sud, 2002

Montrant comment, selon que l'on marche seul ou en groupe, le marcheur, d'innocent rêveur méditatif, peut se transformer en un actif contestataire, Rebecca Solnit s'est également demandé pourquoi les femmes, et notamment les femmes écrivains, au cours de l'histoire, ont si peu marché, en solitaire. La raison principale en est que, depuis des millénaires et sous toutes les latitudes, seul l'espace privé de la maison leur fut dévolu, au détriment de l'espace public, réservé, lui, au profit exclusif des hommes. Peut-on imaginer Homère nous contant une *Odyssée*, où c'est Ulysse qui serait resté sagement à Ithaque, repoussant vaillamment les assauts des prétendantes, tandis que Pénélope poursuivrait un long voyage, s'envoyant en l'air, çà et là, avec les demi-dieux rencontrés au cours de ses pérégrinations ? C'est toute l'histoire de l'humanité qui en aurait été changée ! De fait, dès qu'elles enfreignaient cette règle, les femmes n'encouraient-elles pas le risque de déchoir au rang de péripatéticiennes ? Et pas au sens philosophique du terme. Pour pouvoir vivre à l'égal des hommes, celles-ci devaient braver bien des interdits, telle George Sand, revêtant l'habit masculin pour pouvoir marcher plus aisément dans les rues crottées de Paris ! Ou, dans un milieu et un environnement particulièrement délimités, ainsi qu'on a pu le voir avec *Mrs Dalloway*, de Virginia Woolf, qui ne circule tout de même pas dans le Londres de Dickens !

PAUL AUSTER

Au hasard Manhattan

Quinn, le personnage principal de Cité de verre, *le premier roman de la trilogie new-yorkaise de Paul Auster, est un marcheur de hasard. Il marche pour n'être nulle part, comme il écrit, sous pseudonyme, pour n'être personne : seuls Manhattan, où il vit, et le personnage récurrent de détective privé de ses romans policiers semblent lui tenir lieu de repères identitaires. Au cours de ses pérégrinations, Quinn rencontrera un certain Paul Auster, écrivain de son état, mais qui n'est pas, lui non plus, le narrateur de l'histoire que l'on lit ! On aura compris cependant que l'on est bien dans l'un de ses livres en abyme habituels. Marchons donc avec lui…*

Pour ce qui est de Quinn, peu de choses nous retiendront. Qui il était, d'où il venait et ce qu'il faisait n'ont pas grande importance. Nous savons, entre autres, qu'il avait trente-cinq ans. Nous savons qu'il avait été marié, qu'il avait un jour été père et qu'à présent sa femme et son fils étaient tous les deux morts. Nous savons aussi qu'il écrivait des livres. Pour être précis, nous savons qu'il écrivait des romans policiers. Ces ouvrages étaient signés du nom de William Wilson, et il les produisait au rythme d'environ un par an, ce qui lui procurait assez d'argent pour vivre modestement dans un petit appartement de New York. Comme chaque roman ne lui prenait pas plus de cinq ou six mois, il avait le loisir d'utiliser le restant de l'année à sa guise. Il lisait un grand nombre d'ouvrages, il regardait des tableaux, il allait au cinéma. L'été, il suivait le base-ball à la télévision; l'hiver, il fréquentait l'opéra. Mais ce qu'il aimait par-dessus tout, c'était marcher. Presque chaque jour, qu'il pleuve ou qu'il vente, qu'il fasse chaud ou froid, il quittait son appartement pour déambuler dans la ville – sans savoir vraiment où il allait, se déplaçant simplement dans la direction où ses jambes le portaient.

New York était un espace inépuisable, un labyrinthe de pas infinis, et, aussi loin qu'il allât et quelle que fût la connaissance qu'il eût de ses quartiers et de ses rues, elle lui donnait toujours la sensation qu'il était perdu. Perdu non seulement dans la cité mais tout autant en lui-même. Chaque fois qu'il sortait marcher il avait l'impression de se quitter lui-même, et, en s'abandonnant au mouvement des rues, en se réduisant à n'être qu'un œil qui voit, il pouvait échapper à l'obligation de penser, ce qui, plus que tout autre chose, lui apportait une part de paix, un vide intérieur salutaire. Autour de lui, devant lui, hors de lui, il y avait le monde qui changeait à une vitesse telle que Quinn était dans l'impossibilité de s'attarder bien longtemps sur quoi que ce soit. Le mouvement était l'essence des choses, l'acte de placer un pied devant l'autre et de se permettre de suivre la dérive de son propre corps. En errant sans but, il rendait tous les lieux égaux, et il ne lui importait plus d'être ici ou là. Ses promenades les plus réussies étaient celles où il pouvait sentir qu'il n'était nulle part. Et c'était finalement tout ce qu'il n'avait jamais demandé aux choses : être nulle part. New York était le nulle part que Quinn avait construit autour de lui-même et il se rendait compte qu'il n'avait nullement l'intention de le quitter à nouveau.

Cité de verre,
in *Trilogie new-yorkaise*
traduit de l'américain par Pierre Furlan
© Éditions Actes Sud, 1998

Voilà à quoi ressemblaient les promenades de Quinn : « Il descendit Broadway jusqu'à la 72e rue. Là, il tourna à gauche et arriva à Central Park West qu'il suivit jusqu'à la 59e rue et la statue de Christophe Colomb. Il continua alors vers l'est, le long de Central Park South, jusqu'à Madison Avenue, où il vira à droite, marchant jusqu'à la gare Grand Central. Après avoir déambulé au hasard, il poursuivit vers le sud pendant un kilomètre et demi pour se retrouver au carrefour de Broadway, de la 5e avenue et de la 23e rue. Là, il fit une pause pour regarder l'immeuble Flatiron, puis changea de direction, prenant vers l'ouest jusqu'à la 7e avenue où il vira à gauche et s'enfonça plus avant vers le sud. » Etc., pendant parfois toute une journée. Et sa vie aurait pu continuer ainsi, jusqu'à ce qu'un soir la voix d'un homme affolé lui demande, au téléphone, à la suite d'un faux numéro, s'il est bien le détective Paul Auster... C'est à partir de ce moment-là que les choses vont se complexifier ! Et pour clore ce chapitre sur le marcheur des villes, mentionnons encore cet extrait du *Bonne nuit doux prince* de Pierre Charras (Mercure de France, 2006) : « Cet homme taciturne qui, une fois la retraite venue, parcourait les rues de la ville sans les voir, jour après jour, j'aimerais bien tout dire de lui. Il y avait le petit tour, avant déjeuner, et le grand, en fin d'après-midi. Il marchait d'un pas rapide, comme s'il allait quelque part. Et d'ailleurs, il ne faisait pas autre chose : il se hâtait vers son point de départ. Il décrivait une boucle. Une courte boucle le matin et une plus longue avant le dîner. Il avait tout juste le temps, s'il voulait être de retour à midi et à dix-neuf heures. Et il le voulait. Il était très à cheval sur les horaires, mon père, et mes retards sont à mettre parmi les millions de choses qui, chez moi, l'exaspéraient. Tous les jours, il marchait, le regard au sol. Pas flâneur, non, pas promeneur. Marcheur. Marcheur du matin et du soir. Cette année-là, il a marché, ainsi, jusqu'à la fin du mois de juin et puis, en septembre, on ne l'a plus vu. On s'attendait qu'il reprenne sa double piste quotidienne, dans la fraîcheur de l'automne. Mais il était mort pendant les vacances. »

LE MARCHEUR DES CHAMPS

JEAN-JACQUES ROUSSEAU

Vertige de la marche

Où qu'il soit, Jean-Jacques Rousseau pratiquait régulièrement la promenade, généralement en solitaire, et toujours dans la campagne, pour rêver et herboriser à loisir. Dans sa jeunesse, il effectua même plusieurs longs voyages à pied, dont le premier le conduisit à travers les Alpes, depuis Genève jusqu'à Turin. Dans cet extrait des Confessions, *on le suit sur la route de Chambéry, où il doit retrouver, après plusieurs mois d'absence, sa « chère Maman », Madame de Warens, une veuve sensiblement plus âgée que lui, et qui sera tout à la fois sa protectrice et le premier grand amour de sa vie. À cette occasion, on apprend quels sites avaient sa préférence et lui offraient les plus belles ivresses, au point de vouloir faire durer le plaisir. Confidences d'un égotiste…*

Je suis, en racontant mes voyages, comme j'étais en les faisant; je ne saurais arriver. Le cœur me battait de joie en approchant de ma chère Maman, et je n'en allais pas plus vite. J'aime à marcher à mon aise, et m'arrêter quand il me plaît. La vie ambulante est celle qu'il me faut. Faire route à pied par un beau temps, dans un beau pays, sans être pressé, et avoir pour terme de ma course un objet agréable : voilà de toutes les manières de vivre celle qui est la plus de mon goût. Au reste, on sait déjà ce que j'entends par un beau pays. Jamais pays de plaine, quelque beau qu'il fût, ne parut tel à mes yeux.

Il me faut des torrents, des rochers, des sapins, des bois noirs, des montagnes, des chemins raboteux à monter et à descendre, des précipices à mes côtés qui me fassent bien peur. J'eus ce plaisir, et le goûtais dans tout son charme en approchant de Chambéry. Non loin d'une montagne coupée qu'on appelle le Pas-de-l'Échelle, au-dessous du grand chemin taillé dans le roc, à l'endroit appelé Chailles, court et bouillonne dans des gouffres affreux une petite rivière qui paraît avoir mis à les creuser des milliers de siècles. On a bordé le chemin d'un parapet pour prévenir les malheurs : cela faisait que je pouvais contempler au fond et gagner des vertiges tout à mon aise, car ce qu'il y a de plaisant dans mon goût pour les lieux escarpés, est qu'ils me font tourner la tête, et j'aime beaucoup ce tournoiement, pourvu que je sois en sûreté. Bien appuyé sur le parapet, j'avançais le nez, et je restais là des heures entières, entrevoyant de temps en temps cette écume et cette eau bleue dont j'entendais le mugissement à travers les cris des corbeaux et des oiseaux de proie qui volaient de roche en roche et de broussaille en broussaille à cent toises au-dessous de moi. Dans les endroits où la pente était assez unie et la broussaille assez claire pour laisser passer des cailloux, j'en allais chercher au loin d'aussi gros que je pouvais les porter ; je les rassemblais sur le parapet en pile ; puis, les lançant l'un après l'autre, je me délectais à les voir rouler, bondir et voler en mille éclats, avant que d'atteindre le fond du précipice.

Plus près de Chambéry j'eus un spectacle semblable, en sens contraire. Le chemin passe au pied de la plus belle cascade *[la cascade de Couz]* que je vis de mes jours. La montagne est tellement escarpée, que l'eau se détache net et tombe en arcade, assez loin pour qu'on puisse passer entre la cascade et la roche, quelquefois sans être mouillé. Mais si l'on ne prend bien ses mesures, on y est aisément trompé, comme je le fus : car, à cause de l'extrême hauteur, l'eau se divise et tombe en poussière, et lorsqu'on approche un peu trop de ce nuage, sans s'apercevoir d'abord qu'on se mouille, à l'instant on est tout trempé.

Les Confessions

Dans un passage précédent des *Confessions*, Rousseau nous avoue que : « La chose que je regrette le plus dans les détails de ma vie dont j'ai perdu la mémoire est de n'avoir pas fait des journaux de mes voyages. Jamais je n'ai tant pensé, tant existé, tant vécu, tant été moi, si j'ose ainsi dire, que dans ceux que j'ai fait seul et à pied. La marche a quelque chose qui anime et avive mes idées ; je ne puis presque penser quand je reste en place ; il faut que mon corps soit en branle pour y mettre mon esprit. La vue de la campagne, la succession des aspects agréables, le grand air, le grand appétit, la bonne santé que je gagne en marchant, la liberté du cabaret, l'éloignement de tout ce qui me rappelle à ma situation, tout cela dégage mon âme, me donne une plus grande audace de penser, me jette en quelque sorte dans l'immensité des êtres pour les combiner, les choisir, me les approprier à mon gré, sans gêne et sans crainte. Je dispose en maître de la nature entière ; mon cœur, errant d'objet en objet, s'unit, s'identifie à ceux qui le flattent, s'entoure d'images charmantes, s'enivre de sentiments délicieux. »

MARCEL PROUST

Le génie de la promenade

Plus qu'aucun autre écrivain, Marcel Proust, tout à la fois intuitif et doté d'une intelligence analytique hors pair, nous révèle le rôle déterminant des promenades dans le développement cérébral du jeune enfant ! Est-ce la raison pour laquelle l'architecture de La Recherche du temps perdu *est structurée, comme pour les hémisphères du cerveau, selon deux côtés ? Un précepte à méditer pour les parents et les pédagogues, qui doivent se souvenir que les péripatéticiens enseignaient en marchant...*

Aussi le côté de Méséglise et le côté de Guermantes restent-ils pour moi liés à bien des petits événements de celle de toutes les diverses vies que nous menons parallèlement, qui est la plus pleine de péripéties, la plus riche en épisodes, je veux dire la vie intellectuelle. Sans doute elle progresse en nous insensiblement et les vérités qui en ont changé pour nous le sens et l'aspect, qui nous ont ouvert de nouveaux chemins, nous en préparions depuis longtemps la découverte ; mais c'était sans le savoir ; et elles ne datent pour nous que du jour, de la minute où elles nous sont devenues visibles. Les fleurs qui jouaient alors sur l'herbe, l'eau qui passait au soleil, tout le paysage qui environna leur apparition continue à accompagner leur souvenir de son visage inconscient ou distrait ; et certes quand ils étaient longuement contemplés par cet humble passant, par cet enfant qui rêvait – comme l'est un roi, par un mémorialiste perdu dans la foule, – ce coin de nature, ce bout de jardin n'eussent pu penser que ce serait grâce à lui qu'ils seraient appelés à survivre en leurs particularités les plus éphémères ; et pourtant ce parfum d'aubépine qui butine le long de la haie où les églantiers le remplaceront bientôt, un bruit de pas sans échos sur le gravier d'une allée, une bulle formée contre une plante aquatique par l'eau de la rivière et qui crève aussitôt, mon exaltation les a portés et a réussi à leur faire traverser tant d'années successives, tandis qu'alentour les chemins se sont effacés et que sont morts ceux qui les foulèrent et le souvenir de ceux qui les foulèrent. Parfois ce morceau de paysage amené ainsi jusqu'à aujourd'hui se détache si isolé de tout, qu'il flotte incertain dans ma pensée comme une Délos fleurie, sans que je puisse dire de quel pays, de quel temps – peut-être tout simplement de quel rêve – il vient. Mais c'est surtout comme à des gisements profonds de mon sol mental, comme aux terrains résistants sur lesquels je m'appuie encore, que je dois penser au côté de Méséglise et au côté de Guermantes. C'est parce que je croyais aux choses, aux êtres, tandis que je les parcourais, que les choses, les êtres qu'ils m'ont fait connaître, sont les seuls que je prenne encore au sérieux et qui me donnent encore de la joie. Soit que la foi qui crée soit tarie en moi, soit que la réalité ne se forme que dans la mémoire, les fleurs qu'on me montre aujourd'hui pour la première fois ne me semblent pas de vraies fleurs. Le côté de Méséglise avec ses lilas, ses aubépines, ses bluets, ses coquelicots, ses pommiers, le côté de Guermantes avec sa rivière à têtards, ses nymphéas et ses boutons d'or, ont constitué à tout jamais pour moi la figure des pays où j'aimerais vivre, où j'exige avant tout qu'on puisse aller à la pêche, se promener en canot, voir des ruines de fortifications gothiques et trouver au milieu des blés, ainsi qu'était Saint-André-des-Champs, une église monumentale, rustique et dorée comme une meule ; et les bluets, les aubépines, les pommiers qu'il m'arrive, quand je voyage, de rencontrer encore dans les champs, parce qu'ils sont situés à la même profondeur, au niveau de mon passé, sont immédiatement en communication avec mon cœur. Et pourtant, parce qu'il y a quelque chose d'individuel dans les lieux, quand me saisit le désir de revoir le côté de Guermantes, on ne le satisferait pas en me menant au bord d'une rivière où il y aurait d'aussi beaux, de plus beaux nymphéas que dans la Vivonne, pas plus que le soir en rentrant – à l'heure où s'éveillait en moi cette angoisse qui plus tard émigre dans l'amour, et peut devenir à jamais inséparable de lui – je n'aurais souhaité que vînt me dire bonsoir une mère plus belle et intelligente que la mienne. Non ; [...] ce que je veux revoir c'est le côté de Guermantes que j'ai connu, avec la ferme qui est un peu éloignée des deux suivantes serrées l'une contre l'autre, à l'entrée de l'allée des chênes ; ce sont ces prairies où, quand le soleil les rend réfléchissantes comme une mare, se dessinent les feuilles des pommiers, c'est ce paysage dont parfois, la nuit dans mes rêves, l'individualité m'étreint avec une puissance presque fantastique et que je ne peux plus retrouver au réveil. Sans doute pour avoir à jamais indissolublement uni en moi des impressions différentes rien que parce qu'ils me les avaient fait éprouver en même temps, le côté de Méséglise ou le côté de Guermantes m'ont exposé, pour l'avenir, à bien des déceptions et même à bien des fautes. Car souvent j'ai voulu revoir une personne sans discerner que c'était simplement parce qu'elle me rappelait une haie d'aubépines, et j'ai été induit à croire, à faire croire à un regain d'affection, par un simple désir de voyage. Mais par là même aussi, et en restant présents en celles de mes impressions d'aujourd'hui auxquelles ils peuvent se relier, ils leur donnent des assises, de la profondeur, une dimension de plus qu'aux autres. Ils leur ajoutent aussi un charme, une signification qui n'est que pour moi. Quand les soirs d'été le ciel harmonieux gronde comme une bête fauve et que chacun boude l'orage, c'est du côté de Méséglise que je dois rester seul en extase à respirer, à travers le bruit de la pluie qui tombe, l'odeur d'invisibles et persistants lilas.

Du côté de chez Swann

JEAN GIONO

La route de nuit

Au vagabond des villes, essentiellement urbain, qui élit son domicile dans la rue, s'opposait traditionnellement le chemineau, son homologue des routes et des villages, qui avait fait de la nature tout entière son royaume. Tandis que ce dernier semble plutôt appartenir à une espèce en voie de disparition, le premier, désormais rebaptisé SDF, ne cesse, lui, de croître et de se multiplier ! Simple traduction, dans la partie la plus marginale et erratique de la population, du phénomène de désertification des campagnes ? C'est sur les pas de l'un de ces anarchistes libertaires, sans toit ni maître, que nous convie Jean Giono (1895-1970), à travers son roman Les Grands Chemins. *Ici, par l'une des dernières belles journées d'automne provençal, le narrateur, à qui l'on vient de refuser l'hospitalité dans une maison et qui juge l'unique café du village trop au-dessus de ses moyens, repart tenter sa chance dans un hameau voisin…*

Je reprends les bois, et rapidement la nuit tombe. La route descend et s'enfonce dans un vallon étroit, très fourré. J'entends sur ma droite un ruisseau qui saute dans les pierres. Mais il s'enfonce plus profond, plus vite que la route et, au bout d'un moment je ne l'entends plus.

J'ai pensé que, peut-être je rencontrerais une scierie. On peut très bien coucher dans la sciure, sous les hangars. Mais, autant que j'en peux juger, je suis dans un ravin où il n'y a que la place de la route et du ruisseau silencieux en bas, dans le fond.

Il n'y a qu'à marcher. C'est ce que je fais, tout en grignotant un quignon et le bout de gruyère qui reste.

D'ordinaire j'y vois la nuit. Ici, la forêt fait l'obscurité si épaisse que j'ai beau écarquiller les yeux. À un détour, pourtant, où les arbres doivent être plus éclaircis, je vois une étoile en face de moi. Puis, je m'aperçois que ce n'est pas une étoile mais un feu fixe, très haut dans la montagne. J'en découvre deux ou trois autres, à côté du premier, qui brillent moins, étant, je suppose, masqués par des feuillages. À coup sûr, ce sont les lumières d'un hameau. Je me rends compte qu'il a fallu que je m'enfonce sacrément bas dans le ravin pour voir des lumières de hameau si haut au-dessus de ma tête.

Je suis cependant toujours bien sur la route. Une route sait généralement ce qu'elle fait; il n'y a qu'à la suivre.

Il y a belle lurette que je ne cherche plus à renifler pour sentir l'odeur des scieries. Je ne sens rien de particulièrement humain autour de moi, au contraire. En premier lieu, il y a l'odeur du vide. Sur ma droite, la forêt doit tomber raide et profond. De là vient aussi, par moments, une sorte de soupir qui ressemble à celui d'un homme endormi. Il doit y avoir en bas une vallée assez large et un torrent en conséquence qui frotte sur du gros gravier. Je sens aussi l'odeur résineuse des sapins et celle de la fiente d'oiseau. Il y a sans doute dans les parages une paroi de rocher; c'est généralement leur odeur.

Je vois d'autres étoiles, mais celles-là au-dessous de moi. Un petit piquetage de feux pareils à une sorte de grande ourse, mais sous mes pieds. Ça fait toujours un drôle d'effet. J'essaie de voir les étoiles du ciel. Il n'y a pas mèche. Seules sont visibles la constellation du hameau d'en haut et la constellation du hameau d'en bas. Il n'y a pas de rapport entre les deux. Ils sont séparés par peut-être cinquante kilomètres de routes comme celle que je suis, toute en tournants, et qui va faire des détours au tonnerre de Dieu. Entre les deux, des centaines de milliards de tonnes de feuillages de toutes les espèces, toutes plus noires que l'ombre. Et moi, au milieu, je flotte.

La nuit met toujours un peu de mou dans les jambes. [...]

Je commence à en avoir un peu marre, mais il faut tâcher de trouver n'importe quoi, ferme ou village. J'aimerais bien entendre aboyer un chien. Je m'arrête et j'écoute.

Il me semble qu'il y a un bruit de pas derrière moi ; puis, j'en suis certain.

J'attends. C'est un type qui marche bon pas. Quand je juge qu'il est assez près de moi, je me racle la gorge. Il me demande qui est là.

Je lui dis que c'est moi. Ça ne doit guère l'avancer, mais il ne s'en fait pas et s'approche. La voix est jeune. Il semble être un peu plus petit que moi. Je vois exactement un nègre dans un tunnel.

Je vais tout de suite à l'essentiel : « Est-ce qu'il y a des piaules quelconques, pas trop loin, dans ce bled ? » Le type dit oui bien sûr, et qu'il y va ; c'est encore à trois kilomètres. Je propose d'aller ensemble. Il répète « bien sûr » et nous prenons notre pas.

Il y a tout de suite quelque chose qui m'intrigue. Je finis par être obligé de le dire. J'y mets une certaine forme parce que, vraiment, il y a de quoi. Je suis sûr de ne pas me tromper, c'est un bruit de jupes.

« Vous êtes un homme ou une femme ? »

Il me répond :

« Je suis un curé. »

Je dis « merde ! » Il rigole.

« C'est pas un peu tard pour être sur les routes, monsieur le Curé ?

– Vous y êtes bien, vous. »

Il est culotté ; je pourrais être n'importe qui et ce serait facile de lui compliquer l'existence. Il ajoute :

« Les gens d'ici aiment beaucoup mourir la nuit. Si ça leur convient, qu'est-ce que vous voulez que j'y fasse ? »

Il m'explique gentiment qu'il est allé aider une grand-mère. Je lui demande : « À quoi ? » Il me répond : « À mourir chrétiennement. »

On reste parfois baba ; c'est le cas, surtout à cause de la nuit silencieuse et parfumée, de nos deux pas accordés, de la petite constellation du hameau que je vois toujours très haut dans la montagne et les feuillages de l'ombre, de la certitude que j'ai, maintenant, de pouvoir bientôt dormir à l'abri.

Les Grands Chemins
© Éditions Gallimard, 1980

Finalement, le petit curé invitera le narrateur à passer la nuit chez lui et à partager son maigre repas. Le lendemain, il lui donnera même une lettre de recommandation à destination d'une de ses vieilles paroissiennes qui recherche un homme de main. Mais notre chemineau, qui ne travaille qu'en cas d'extrême nécessité, et qui a encore quelques sous en poche, préférera poursuivre son chemin, ne s'arrêtant durablement qu'au plus froid de la saison, pour hiberner au chaud. Sur la route, il va rencontrer celui qu'il nommera l'Artiste, un jeune virtuose de la guitare et des cartes. En fait, un truqueur professionnel, qui vit de ses malversations, et pour lequel le narrateur va éprouver une véritable passion. Ensemble, ils lieront leur destin, jusqu'au drame final. Ce roman picaresque de Jean Giono, écrit en deux mois au début de l'année 1950, mais auquel il songeait depuis la fin des années 30, est incontestablement le plus ambigu de toute son œuvre. Une œuvre, où, à défaut d'une franche homosexualité, flotte souvent une certaine *homosensualité*. Il n'est pas rare, en effet, de voir Jean Giono chanter le corps de l'homme, à travers ses divers héros, avec un lyrisme qui n'est pas sans rappeler Jean Genet ! Au point que *Les Grands Chemins* rappelle à bien des égards *Le Journal du voleur*, une autre histoire d'hommes, d'amitiés particulières et d'errance…

JULIEN GRACQ

Des arbres en forêt

Le goût de la marche se double, souvent, d'un goût des arbres : de nombreuses balades bucoliques, mais aussi urbaines, des écrivains de tous les temps et de tous les continents, y aboutissent régulièrement. Retrouver l'ombrage de certaines essences aimées (pour Julien Gracq, c'est le pin qui a sa préférence) est le but de bien des promenades en forêt, un tropisme qui nous renvoie directement au monde enchanté et onirique de notre petite enfance : un univers tout à la fois familier et effrayant, où il est toujours possible de se perdre !

Forêt de Fontainebleau, que je revisite chaque fois à la manière d'une cité des arbres, dont chaque quartier a sa physionomie, sévère ou riante, stricte ou négligée, sa manière de sourire ou de se renfrogner au passage du promeneur, ses artères pavées et ses venelles de terre battue, ses impasses herbeuses, sa plaine Monceau banale (autour du carrefour des Vieux Rayons) ses « hauteurs fleuries » du carrefour de l'Épine Foreuse, qui prennent si gaîment le soleil du matin, et l'étrange ombilic, vaguement maléfique au creux de son réseau d'allées circulaires, de la Mare aux Evées. Le sentiment soudain de l'espace ouvert que nous communiquent les esplanades des villes, je le retrouve dans la large tonsure, brusquement livrée aux vents, qui rase une partie du plateau des Monts de Fays. Le passage du clair au sombre, des chênaies et des hêtraies aux peuplements de pins et aux sapinières, a la brusquerie de la passée des nuages – nulle humeur plus changeante dans l'accueil que celle de cette sylve apprivoisée. Comme une ville de sa banlieue, elle s'environne de toute une couronne de silence, un silence qui émane et qui déborde d'elle : les rues de Bois-le-Roi ou de Brolles, qui se prolongent en sentes dans la forêt, presque à toute heure du jour trempent déjà dans une torpeur chlorophyllienne qui les dilate et étouffe les bruits : c'est le peuplement bordier qui figure ici une annexe de l'*espace vert*.

La pente secrète de ses avenues ramène d'elle-même malignement vers la touffeur du hallier central : forêt labyrinthe, à la voirie trompeuse et non innervée, qui semble machinée tout entière autour d'une chambre secrète : quiconque fait l'expérience de se laisser aller en aveugle au hasard des allées se retrouve naturellement empelotonné dans le cocon de la forêt-piège, et, s'il ne dispose d'un plan ou d'une boussole, ne saurait s'en extraire à moins des cailloux du Petit Poucet.

Carnets du grand chemin

MARGUERITE DURAS

La femme qui marche

« Elle marche. » C'est par ces mots que commence Le Vice-consul (1966)*, de Marguerite Duras, et où est évoquée pour la première fois la mendiante, que l'on retrouvera, quelques années après, dans* India Song. *Son histoire illustrera, en fond sonore, les amours, tragiques, forcément tragiques, d'Anne-Marie Stretter et de Michael Richardson. Qui, eux, étaient déjà apparus, sous d'autres noms, dans* Le Ravissement de Lov V. Stein *(1964). Ainsi, avec* India Song, *s'achèvera la trilogie. Le texte donnera aussi naissance au film qui consacrera définitivement Marguerite Duras en tant que cinéaste, grâce au véritable événement créé à sa sortie : pour la première fois à l'écran, la bande-son et l'image n'étaient pas en synchronisation. Ni film muet ni parlant, mais plutôt parlé et en musique, celle, magistrale, de Carlos d'Alessio. Mais qui était la mendiante ? Écoutons ce qu'en disent les voix…*

Cris au loin, de joie, appels dans cette langue inconnue : l'hindoustani.

La lumière revient peu à peu.

La pluie, le bruit, très fort pendant plusieurs secondes.

Il diminue. Les cris isolés et les rires percent, plus précis, le bruit de la pluie.

La lumière revient toujours.

Tout à coup, cris plus précis, plus près, de femme. Rires de la même femme.

VOIX 1
Quelqu'un crie… une femme…

VOIX 2
Quoi ?

VOIX 1
Des mots sans suite.
Elle rit.

VOIX 2
Une mendiante.

Temps.

VOIX 1
Folle ?

VOIX 2
C'est ça…

Dans les allées du parc, soleil d'après la pluie. Soleil mouvant. Taches de lumière grise, pâle.

Cris et rires de la mendiante toujours.

VOIX 1
Ah oui… je me souviens. Elle se tient au bord des fleuves… elle vient de Birmanie… ?

VOIX 2

Oui.

Tandis que les voix parlent de la mendiante les trois personnes bougent, quittent la pièce par des portes latérales.

VOIX 2

Elle n'est pas indienne.
Elle vient de Savannakhet.
Née là-bas.

VOIX 1

Ah oui… oui…
Un jour… il y a dix ans qu'elle marche, un jour, devant elle, le Gange… ?

VOIX 2

Oui.
Elle reste.

VOIX 1

C'est ça…

Les trois personnes ont disparu. L'endroit est vide.
Discours au loin, comme crié, dans une langue douce : le laotien.

VOIX 1 *(temps)*

Douze enfants morts tandis qu'elle marche vers le Bengale… ?

VOIX 2

Oui. Elle les laisse. Les vend. Les oublie. *(Temps.)* Vers le Bengale devient stérile.

Les trois personnes arrivent dans le parc, marchent, pas lent, de promenade, dans la fraîcheur qui suit la pluie, se déplacent dans les taches de soleil. Toujours, au loin, le discours crié, de la mendiante. Dans ce discours, tout à coup, le mot : Savannakhet.

Court arrêt des voix. Puis reprise :

VOIX 1

Savannakhet, Laos ?

VOIX 2

Oui. *(Temps.)* Dix-sept ans… elle est enceinte, elle a dix-sept ans… *(Temps.)* Elle est chassée par sa mère, elle part. *(Temps.)* Elle demande une indication pour se perdre.

Personne ne sait.

VOIX 1 *(temps)*

Oui.

Un jour, il y a dix ans qu'elle marche, un jour : Calcutta, devant elle.

Elle reste.

Silence.

VOIX 2
Elle est là au bord du Gange, sous les arbres, elle a oublié.

Silence.

India Song

Quand la marche, finalement, apparaît sous la plume des femmes, c'est souvent avec une forte connotation de folie ou de mysticisme : deux caractéristiques propres à… ma mère (voir l'introduction) ! Il est vrai qu'elle avait quelque chose de durassien, et qu'elle aura, involontairement, contribué à me faire apprécier l'œuvre, littéraire et cinématographique, de cet auteur. Le film *India Song*, avec l'inoubliable Delphine Seyrig et Michael Lonsdale, fut présenté pour la première fois au public à l'occasion du Festival de Cannes de 1975, en présence de la cinéaste. C'était encore dans l'ancien palais, au centre de la Croisette. On peut me croire sur parole quand je parle d'événement : j'y étais !

YVES BONNEFOY

Les horizons internes

Pour Yves Bonnefoy, à la marche vers l'intérieur des terres, « l'arrière-pays », qu'il privilégie, même en peinture, correspond un cheminement interne permettant de mieux se connaître soi-même et se situer au monde. Ainsi le « je », plus conforme à notre identité réelle, peut-il plus efficacement se dégager du « moi », reconstitué par la fiction et le rêve. Poète du lieu et de la Présence, Yves Bonnefoy, à travers ses mots, tente d'échapper à la rationalité habituelle et au concept. Tel l'enfant, de plain-pied dans l'immédiateté, et non encore corrompu par le langage et les idées structurées de l'adulte. Tentative exigeante, voire paradoxale, et peut-être encore illusoire ! Musique.

Demain, je verrai Zante, Céphalonie, beaux noms aussi et plus grandes terres, préservées par leur profondeur. Ah, comme je comprends la fin de l'*Odyssée*, quand Ulysse retrouve Ithaque, mais en sachant déjà qu'il lui faudra repartir, une rame sur l'épaule, et s'enfoncer plus avant dans les montagnes de l'autre rive jusqu'à ce que quelqu'un lui demande ce que c'est que cet objet bizarre qu'il porte, montrant ainsi qu'il ne sait rien de la mer ! Si les rivages m'attirent, plus encore l'idée d'un pays en profondeur, défendu par l'ampleur de ses montagnes, scellé comme l'inconscient. Je marche près de l'eau, je regarde bouger l'écume, signe qui cherche à se former, mais en vain. L'olivier, la chaleur, le sel qui se déposera sur la peau, que vouloir de plus, – pourtant le vrai chemin est celui, là-bas, qui s'éloigne, par des passes rocheuses de plus en plus resserrées. Et plus je vais vers l'intérieur, dans un pays de la Méditerranée, plus forte l'odeur de plâtre des vestibules, les bruits du soir, le frémissement du laurier, changeant d'intensité, de hauteur (comme on le dit d'un son, déjà aigu) vont se faire, jusqu'à l'angoisse, évidence, bien que close, et appel, bien qu'impossible à comprendre.

Aussi bien je ne regarde jamais le labyrinthe de petites collines – chemins faciles, mais arrière-plan infini – du *Triomphe de Battista* de Piero della Francesca, sans me dire : ce peintre, parmi ses autres soucis, a eu celui-ci, qui me hante. Mais j'aime aussi, sous ce signe, les grandes plaines, dont l'horizon est si bas que les arbres et presque les herbes le dérobent. Car alors l'invisible et le proche se confondent, l'ailleurs est partout, le centre à deux pas peut-être : je suis depuis longtemps sur la voie, il ne s'en faut que d'un tournant avant que j'aperçoive les premiers murs, ou parle aux premières ombres... En fait la mer est favorable à ma rêverie, parce qu'elle assure la distance, et signifie aussi, au niveau des sens, la plénitude vacante ; mais c'est de façon non spécifique, et je vois bien que les grands déserts, ou le réseau, désert lui aussi, des routes d'un continent, peuvent remplir la même fonction, qui est de permettre l'errance, en différant pour longtemps le regard qui embrasse tout et renonce.

[...]

Et voici circonscrite l'aire où je me sens porté à chercher l'arrière-pays. Au Tibet je pourrais y rêver encore, mais à cause des espaces et non des hommes, qui parlent de détachement, – j'aurais franchi la frontière. Et au Japon, j'étais en paix avec ma vieille hantise, car c'est l'enseignement de l'architecture de bois, de ses sols vibrants, de ses galeries fragiles comme des bulles, que la prétention humaine y soit comme enveloppée et dissoute dans le frémissement de l'arbre universel, qui n'a pas de lieu, qui n'est pas. Ces pays du bouddhisme extrême sont trop lucides, ou pessimistes (mallarméens), ils disent que les lieux, comme les dieux, sont nos rêves, ils vont trop vite pour moi à l'expérience du vide.

[...]

L'aire de l'arrière-pays va de l'Irlande aux lointains de l'empire d'Alexandre, que le Cambodge prolonge. Y sont provinces l'Égypte, les sables de l'Iran aux bibliothèques cachées, les villes islamiques d'Asie, Zimbabwe, Tombouctou, les vieux empires d'Afrique, – et certes le Caucase, l'Anatolie et tous les pays de la Méditerranée, encore que le temple grec, rectangulaire, me parle de façon autre. Car les civilisations que j'assemble, nées du désir de fonder, ont pour signe de soi le cercle, le plan central et le dôme. Au prix, bien sûr, d'être investies par un autre cercle, celui de l'horizon inconnu, de l'appel des lointains au pèlerinage, à la quête, de l'obsession d'un autre pôle, du doute. L'aire de l'arrière-pays, c'est l'orgueil, mais aussi l'insatisfaction, l'espoir, la crédulité, le départ, la fièvre toujours prochaine. Et ce n'est pas la sagesse. Mais peut-être, qui sait, mieux que cela.

L'Arrière-pays

JACQUES RÉDA

Marchons sous la pluie

Jacques Réda est un adepte de l'éternelle errance. En vers ou en prose, ses livres ne parlent pratiquement que de cela. La promenade, il la pratique sous diverses formes (à pied, mais aussi en voiture, en train ou à bicyclette), en tous lieux (en ville, dans ses moindres faubourgs, en plaine ou en montagne) et par tous les temps. Toujours partant. Et toujours préparant ses itinéraires avec méthode, pour mieux se laisser surprendre en fin de compte par les hasards de l'instant présent : « J'ai cessé de croire que je circule au gré de ma fantaisie. » Ainsi, loin de le rebuter, une légère bruine ou une franche averse, par exemple, sont pour lui l'occasion de mieux se fondre dans le paysage. D'autant plus que, c'est bien connu, après la pluie…

S'il dispose d'un bon équipement, et même hétéroclite, la pluie, parce qu'elle est d'essence féminine, peut devenir une compagne charmante du voyageur. On connaît l'agrément de marcher sous une pèlerine imperméable, tandis qu'une bruine arachnéenne chuchote, ou qu'une averse drue bavarde au bord du capuchon. C'est à vrai dire alors l'espace entier qui se confie avec abandon et tendresse, parfois avec ardeur. À travers les inflexions subtiles de la monotonie, les figures rythmiques en perpétuel changement, on entend se fondre les soliloques divers de l'herbe, des champs, des forêts, des villages dont les toits luisent, et de l'horizon lointain où soupire la mer. Trop de vitesse abolit cette intimité amoureuse. Entre la pluie et les voitures, par exemple, il n'y a plus rien qu'un brutal affrontement. Bien à l'abri dans sa cabine, et de surcroît enfermé par le ronronnement du moteur, le conducteur violente ce grand corps qu'on voit traîner sa jupe translucide sur la plaine. Il jouit de son impunité, de chaque paquet d'eau qui s'écrase contre son pare-brise, aussitôt dispersé par deux petits balais opiniâtres dont la ritournelle mécanique l'engourdit trop délicieusement. C'est en effet souvent dans ces conditions de fausse sécurité qu'il dérape, victime d'un tour que la pluie féminine sournoise invente pour se venger. Rapide avec modération, dépourvu de carapace, le cyclomotoriste se montre plus loyal. Encore ne doit-il pas négliger toute prudence. Il existe sans doute des protections dites intégrales qui, en fait, reconstituent des sortes de carrosseries, souples, étroites comme des gants, plus étanches que des armures, et sous lesquelles on voit passer ou se pavaner les extraterrestres d'autoroute, avec leurs engins monstrueux. Mais il s'agit aussi de se respecter. Chacun doit donc apprendre à composer une enveloppe adaptée à ses buts et à sa nature, où les marques d'un style personnel n'excluent pas l'efficacité. Les paysans sont à cet égard très remarquables. Dans leur accoutrement, le trait inventif singulier confirme une tendance générale, comme la diversité des chapiteaux dans le roman spécifique d'une région. Avec son casque d'un modèle désuet et juché de travers au sommet du crâne, sa forte carrure d'abside basse et le plein cintre qu'il remplit des épaules jusqu'en bas du dos, le paysan motorisé appartient d'ailleurs à ce roman terrien éternel qui contraste avec le gothique futuriste des engins où il va se percher ensuite, ayant abandonné son deux-roues sur le flanc dans un fossé. Quand on souffre de perfectionnisme, un signe très sûr peut nous convaincre d'avoir atteint un point indépassable vers l'idéal. Et c'est dans l'instant émouvant où l'un de ces hommes, puis deux, puis beaucoup d'autres, dans une campagne que l'on parcourt pour la première fois, vous adressent, de leur grosse main ruisselante à peine détachée du guidon, un salut familier qui prouve qu'ils vous reconnaissent. J'ai pour ma part eu plusieurs occasions d'éprouver cette fierté, comme une récompense que la pluie accorde à ceux qui l'aiment sans détour. Au bout du compte, il est vain d'espérer passer entre les gouttes ; il est sans noblesse de le vouloir. Si la pluie tient ce rôle de compagne, on ne saurait lui refuser les honneurs du corps à corps, ni placer dans cette lutte l'orgueil de vaincre au-dessus de la joie d'être vaincu. Il est certain cependant qu'une pluie égale et persistante – conjugale pour ainsi dire – manque d'attraits pour le voyageur. Elle possède toutes espèces d'autres charmes, qu'on savoure à la fenêtre d'un train ou d'un jardin, ou la nuit quand elle baigne le monde de son souffle de fidèle épouse, le berce de son chuchotis maternel. Mais nous, nous allons sur la route et, unis à ce ruban qui, à chaque croisement, offre quatre issues à nos caprices (car on a le droit de faire demi-tour), nous entretenons avec la pluie une liaison orageuse et tendre qui rince et rajeunit le cœur.

Recommandations aux promeneurs

De ce livre, où alternent les sages conseils en prose au lecteur et les poèmes inspirés à l'auteur par ses pérégrinations, mentionnons encore les premières lignes du texte suivant, titré *La pluie à Fontgombault* : « On devine au matin le sort de la journée : Le même que la veille, et beaucoup s'en plaindront./Mais on sait qu'entre deux longs chapitres d'ondées,/Rêveuse, une éclaircie élèvera son front./Bien que toute sa tête encore dodeline/Peu à peu le tilleul devient phosphorescent,/Et l'averse légère, aile de mousseline,/S'ouvre, ondule et remonte aux nuages dansants. [...] »

RENAUD CAMUS

Par monts et par mots

Dès qu'il l'a pu, Renaud Camus a quitté la ville pour s'établir dans une tour fortifiée, à Plieux, dans le Gers, du côté de la Lomagne. Là, il peut tout à loisir s'adonner à la lecture, à l'écriture et à des promenades quotidiennes dans la campagne environnante, en compagnie de ses seuls chiens. Autant d'activités compensatoires d'un fort sentiment d'irréalité : « J'appelle littérature une suspension de la lecture, le déboulé des mots d'entre les mots, du silence à la fente des syllabes, de la bibliothèque entre les lignes. [...] J'appelle promenade cet affleurement de l'ailleurs, dans l'ici. Oh ! Nous sommes si peu là... » Suivons-le dans les alentours du Parc aux cèdres, une belle demeure abandonnée, qui constitue l'un de ses sites de prédilection.

Le relief est à l'envers, en Lomagne : il ne s'affirme pas en s'élevant, il ne se pousse pas du col ; il se fait connaître en se creusant, il ne cesse de rentrer en lui-même, comme Octave dans *Cinna*. Les hauteurs se présentent souvent comme de vastes étendues sans incident, faiblement ondulées, et tout entières livrées, de nos jours, aux cultures intensives. Le pittoresque est vers le bas. Ce sont les lits des rivières et les pentes de leurs vallées qui sont accidentés et quelquefois abrupts, tout en plis et replis, en murets, en rochers, en amorces de grottes. Autant il demeure peu de feuillages, entre les champs, depuis l'hécatombe des haies, autant peuvent se montrer touffues ces anfractuosités sinueuses. Aussi servent-elles de maquis, de conservatoire et de cache, pour ce qui reste de forces au passé – forces de témoignage, essentiellement, que ne vient plus écouter grand monde. Aspirations vers un ailleurs qui eût été ici, sur place, il y a beau temps que ces rêveries bourgeoises ont rencontré leur vanité, et personne n'est plus là pour les entretenir, surtout l'automne revenu.

On avait ses plates-bandes et son araucaria, dès au-delà de sa cour, au niveau même de son seuil. Plus bas, qu'on dominait de l'œil, mais qui bientôt, forcerie d'ombre, arrêterait le regard, on avait son parc à l'anglaise, ce qui n'a rien à voir avec un parc anglais, et qui est au contraire très français. Est-ce que c'était une serre, cette ruine ? Quelque remise, plutôt, vers où tirer à la Toussaint, peut-être, deux ou trois orangers dans leurs pots.

Ainsi s'étendait l'ordre rêveur, sur les pentes, être et paraître mêlés, non sans une forfanterie discrète, probablement tout intérieure. S'élargir était sa vocation, le principe de réalité son ennemi. Vaincre, pour ce dernier, fait partie de l'essence, bien entendu : on aura eu l'occasion de l'apprendre. Ce n'est jamais qu'une question de temps. Que la question se pose seulement, toutefois voilà qui est déjà bien beau ; et bien près d'être suffisant, même, au regard méprisant de la mort. *Je maintiendrai*, dit le héros. À quoi la marquise ajoute : *Encore un instant, monsieur le bourreau.*

On a vu cet instant durer deux ou trois siècles, parfois plus. Le moins qu'on puisse dire, néanmoins, est que ce n'est pas la règle.

Le rêve, en l'occurrence, est volonté en acte, c'est-à-dire en déroute promise, à plus ou moins brève échéance. La poésie d'agir est dans le *plus ou moins*, pour le planteur de solitudes et d'enchantements à venir. Les allées se prolongent en chemins, qui eux-mêmes deviennent des sentiers, en s'enfonçant dans la garenne, vers Saint-Créac ou Gramont. Je ne dis pas qu'on ait jamais pu se perdre; mais on pouvait s'imposer, tout de même, un sérieux effort de mémoire, de présence à la terre et de rigueur cérébrale, à tâcher de se représenter *en même temps* tous les recoins du domaine, toutes ses clairières, chacun de ses versants, tous les endroits où l'on pouvait s'étendre et dormir un moment, comme je l'ai fait tout à l'heure, la main au collier de ses chiens, l'autre avant-bras sur les yeux, dans l'amitié empressée des nuages, des pseudophylles et des fourmis.

Onze sites mineurs
pour des promenades d'arrière-saison en Lomagne

PHILIPPE DELERM

Le bocage normand en duo

Il faut beaucoup s'aimer, d'amour ou d'amitié, pour partager, à deux, les plaisirs, généralement solitaires, de la promenade. Et pour que la communion soit parfaite, il est souhaitable que chacun des protagonistes ait son propre centre d'intérêt. Conditions parfaitement remplies par Philippe Delerm et sa femme Martine. Tandis qu'il prend des notes, elle choisit le cadrage de ses photos. Des multiples circuits accomplis ensemble, en toutes saisons, autour de chez eux, à Beaumont-le-Roger, sur la Risle, et un peu au-delà en Normandie, ils en ont même fait un livre, tant il y a toujours à découvrir !

Ce petit coin de la vallée de la Risle, je crois que je vais le garder pour moi. Cela fait près de quinze ans que je le pressentais, le devinais, sans savoir quel chemin pourrait m'en rapprocher. Il y a des balades-circuits, satisfaisantes pour l'esprit, qui dessinent une boucle dans l'espace, et nous donnent la sensation de maîtriser le paysage. Il y a des balades-aller-retour ; le charme en est très différent : à la monotonie de l'idée de retour, elles opposent en compensation le sens d'un ailleurs indécis, toujours un peu mystérieux – on va jusqu'à la ferme abandonnée, mais qu'y a-t-il après ? Le soir descend ; on s'en revient, on va prendre un thé chaud, un chocolat ; on parle à petits coups ; mais on sent dans son dos comme l'appel d'un chemin différent, la promesse effleurée de ce plus loin qui fait tout le désir.

Il y avait pour moi les bords de la Risle, après le Val Gallerand. Il fallait se chausser de bottes, et très vite le chemin devenait impraticable, on était déjà loin… Quoi d'autre à faire que s'en revenir ? Mais insidieusement, la sécheresse de l'été dernier donnait envie d'aller plus loin, de dépasser le gué, de découvrir un curieux petit pont métallique… Il y avait la promenade des mûres, après le hameau du Milan : entre deux hautes haies de buissons, la route devenait chemin, et ne semblait conduire qu'à cette ferme curieusement précédée de deux porches de pierre, solennels, gagnés par la végétation, dans la plus pure tradition des gravures romantiques. Pendant quinze ans, ces deux promenades sont restées pour moi deux « côtés » aussi éloignés que ceux de Guermantes et de Swann : d'une part le plateau, le chemin des mûres, balade de septembre à la mélancolie fruitée de fin d'été ; de l'autre la fraîcheur envoûtante, la voie difficile d'une Risle secrète, préservant le meilleur de ses eaux claires… Et puis voilà, j'ai découvert le troisième chemin : le troisième désir, qui ne m'a d'abord mené que vers lui-même, avant de marier les deux autres.

Depuis longtemps, un peu avant La Ferrière, j'aimais ce coup d'œil sur la vallée : très en contrebas la rivière s'y dessinait nettement l'hiver, puis se diluait dans les feuillages. Je n'avais jamais vu que l'orée d'un sentier m'attendait là. Je ne crois pas au hasard, dans ce domaine : un jour on voit le début du sentier, parce qu'on a en soi assez d'attente et de désir.

Décembre, c'était un bon mois pour descendre ainsi vers la vallée. Il y avait encore assez de feuilles rousses ;

il y avait déjà, dans l'entrelacs des branches dénudées, cet horizon mauve, l'austérité des pins, sur l'autre versant. Cette musique cristalline si régulière qui accompagne les pas, ce n'est pas du grésil, mais la chute des feuilles. Vous savez, cette valse lente, qu'a si bien chantée Cyrano; c'est à ce moment-là, en décembre déjà, pour les dernières feuilles, un peu plus coquettes, un peu plus libres d'espace pour tourbillonner savamment.

Un pâle soleil d'hiver filtre à travers les branches. Le tapis de feuilles est au plus haut; les pas s'y enfoncent délicieusement dans la fin de l'automne, alors que tout déjà parle d'hiver. De çà, de là, un houx porteur de boules rouges se détache sur le décor ambré. Le sentier est pentu; très vite il atteint la rivière, et prend aussitôt des allures britanniques. C'est un chemin pour un lapin de Beatrix Potter : une trace toute douce, un peu incurvée, pour le passage des pattes, et par-dessus deux haies serrées qui se mêlent en arceau. Dans le fouillis des lianes qui me sépare encore de la Risle, j'entends soudain une impressionnante vibration; c'est un héron que j'ai dérangé, et qui s'envole à longs coups d'ailes par-dessus les champs.

Pas un bruit maintenant. Ce sont des terres de silence, de reflets. Du côté du sentier, petites feuilles jaunes enchevêtrées dans les buissons, corps noueux des saules et des aulnes. À la belle saison, des pêcheurs doivent avoir là leurs terres de solitude. En décembre, l'idée d'une rencontre paraîtrait saugrenue.

Quelle volupté d'avoir la Risle pour soi seul! Ses eaux vives affleurent les pierres; le soleil pâle tiédit le cours de la rivière, blondit les herbes de la rive. Là-bas, sur l'autre bord, c'est toute une Irlande qui commence avec une herbe rase, d'une clarté presque éblouissante quand le soleil revient, après le passage d'un nuage.

Ah oui ! c'est bien là le pays que je rêvais de découvrir, d'aborder : au printemps j'y reviendrai lire, écrire, et le plaisir sera multiplié par ces quinze ans d'attente, avant de découvrir ce long secret des bords de l'eau. Mais aujourd'hui, il fait trop froid pour s'arrêter. J'avance, sans autre désir que de confirmer ce petit miracle, et tout à coup… C'est bien le pont métallique, et c'est donc bien le même chemin qui mène jusqu'au Val Gallerand !

Un autre sentier s'ouvre sur la gauche, en remontant vers le plateau. Je l'emprunte, et bientôt… Le porche solennel, la balade des mûres ! Inventer la surprise de se retrouver, c'est bien plus que se perdre ! En quelques minutes, je viens de nouer dans l'espace et le temps des fils invisibles, et de changer la trame de tant d'heures passées. Les chemins nous inventent.

Il faut laisser vivre les pas.

Les chemins nous inventent

LE MARCHEUR AU LONG COURS

JOHN MUIR

Un marcheur d'avenir

En septembre 1867, tandis que l'Amérique se remettait à peine des dégâts de la Guerre de Sécession qui s'était achevée deux ans plus tôt, le botaniste américain, d'origine écossaise, John Muir (1838-1914), se mit en marche à travers les États du Sud. Une plongée dans l'Amérique profonde, qui le conduisit d'Indianapolis jusqu'au golfe du Mexique, en passant par le Kentucky, le Tennessee, la Caroline du Nord, la Caroline du Sud, la Géorgie et la Floride ! Grâce au journal qu'il tint à l'époque, le lecteur d'aujourd'hui peut revivre à sa suite chacune de ses découvertes d'alors. Muni d'une presse à plantes et d'un léger bagage, il parcourait en moyenne 80 kilomètres par jour, à travers plaines et forêts, en évitant le plus possible les villes et dormant le plus souvent à la belle étoile. À Savannah, sans le sou, et attendant les quelques subsides que doit lui faire parvenir son frère, il n'aura d'autres recours que de se réfugier au cimetière. Un enchantement !

9 octobre. Après m'être rendu encore au bureau des exprès et à la poste, puis avoir erré dans les rues, j'ai trouvé une route qui m'a conduit au cimetière Bonaventure. Si celui dont parlent les Écritures, sur l'autre rive du lac de Tibériade, était à moitié aussi beau que Bonaventure, je ne m'étonne pas qu'un homme puisse habiter parmi les tombes. Il n'est qu'à cinq ou six kilomètres de

Savannah et on y va par une route blanche et lisse, faite de coquillages.

Que ce soit sur la terre, sur l'eau ou dans les airs, il y a peu à voir en chemin qui annonce les splendeurs de Bonaventure. Des deux côtés de la route, les champs désolés, rocailleux, sont envahis de mauvaise herbe haute et touffue, et montrent peu de traces de culture. Mais bientôt tout change. On laisse derrière soi les cabanes de rondins délabrées, les barrières cassées et le dernier lopin hérissé de chaume de riz entremêlés de mauvaises herbes. On arrive au milieu de plates-bandes de liatris violets et d'arbres qui se sont plantés tout seuls. On entend le chant des oiseaux, on traverse un petit ruisseau et on est avec la Nature dans le grand vieux cimetière en forêt, si beau qu'à peu près tous les gens sensés préféreraient habiter là avec les morts plutôt qu'avec les vivants, qui sont paresseux, dissolus.

Une partie du terrain était cultivée et garnie de chênes verts, plantés il y a environ cent ans par un homme riche, qui avait là sa maison de campagne. Pourtant, la majeure partie est intacte. Même dans les endroits où l'art a jeté le désordre, la Nature est à l'œuvre pour les récupérer et les faire sembler comme si l'homme n'y avait jamais mis les pieds. Les tombes n'occupent qu'un petit coin et la vieille demeure est en ruine.

Le titre de gloire le plus éminent de Bonaventure, c'est sa grande avenue de chênes verts. Ce sont les plus beaux arbres plantés par l'homme que j'aie jamais vus : quelque quinze mètres de haut, peut-être un mètre ou un mètre vingt de diamètre et une frondaison largement étalée. Les branches principales tirent à l'horizontale jusqu'à ce qu'elles se rencontrent au-dessus de l'allée, qu'elles recouvrent entièrement d'un bout à l'autre, et chaque branche est décorée, tel un jardin, de fougères, d'herbes et de palmiers nains.

Mais de toutes les plantes de ces drôles de jardins suspendus dans les arbres, la plus frappante et la plus caractéristique, c'est la dénommée mousse d'Espagne (*Tillandsia usneoides*), qui drape du haut en bas toutes les branches auxquelles elle pend ses longs écheveaux gris d'argent, atteignant jusqu'à près de trois mètres, et qui, lorsqu'elle s'agite lentement au gré du vent, produit une forte impression solennelle et funèbre d'un effet singulier.

Il y a aussi des milliers d'arbres plus petits et de buissons touffus, presque dérobés à la vue par l'éclat glorieux de leur propre lumière. L'endroit est à moitié cerné par les marais salants et les îles du fleuve, dont les laîches et les roseaux lui font une ravissante bordure. De nombreux aigles à la tête blanche viennent se percher sur les arbres qui bordent les marais. Tous les matins, leurs cris se font entendre, auxquels se joignent le vacarme des corneilles et les chants d'innombrables petits oiseaux, cachés au fond des berceaux de feuillage où ils ont leur logis. De grands troupeaux de papillons et toutes sortes d'heureux insectes paraissent animés d'une joyeuse fièvre et d'une badine allégresse. Cet endroit tout entier semble un centre de vie. Les morts n'y sont pas les seuls à régner.

Pour moi Bonaventure est l'une des collectivités de plantes et d'animaux les plus impressionnantes que j'aie vues. J'avais beau débarquer des grandes prairies de l'Ouest, des clairières du Wisconsin soignées comme des jardins, des forêts de hêtre, d'érable et de chêne de l'Indiana et du Kentucky, de celles, sombres et mystérieuses, de cyprès de la Savannah, jamais, pourtant, depuis le temps que j'arpentais les bois, je n'avais rencontré de sociétés d'arbres plus saisissante que celle des chênes drapés de tillandsia de Bonaventure.

Je regardais tout, frappé de stupeur, comme qui vient d'arriver d'un autre monde.

Quinze cents kilomètres à pied
à travers l'Amérique,
traduit de l'anglais (États-Unis) par André Fayot

Mais pour goûter de tels plaisirs, John Muir, au cours de son périple, dut braver bien des dangers : bandits de grands chemins, anciens esclaves désœuvrés, serpents venimeux, alligators... ou de moindres frayeurs, comme dans ce cimetière, où il eut à patienter plusieurs nuits : « Pour qu'on ne me voie pas, ni qu'on pense que je me cachais comme si j'avais commis un crime, je rejoignais toujours mon domicile une fois qu'il faisait sombre. Or une nuit, comme je m'allongeais sur mon lit de mousse, je sentis le contact d'une créature à sang froid – serpent ou, plus simplement, grenouille ou crapaud, je ne sais – toujours est-il qu'instinctivement, plutôt que de retirer la main, je saisis le pauvre animal et le lançai par-dessus les buissons. » Bonne préparation pour les aventures suivantes qui l'amèneront, en 1868-1869, en Californie. Là, il explorera la vallée de Yosemite et y admirera les séquoias géants : une révélation, qui deviendra la grande affaire de sa vie et aboutira, grâce à l'action continue et déterminante de cet écologiste visionnaire, à la création des premiers Parcs nationaux américains.

ROBERT-LOUIS STEVENSON

À l'auberge du Bon Dieu

Du 22 septembre au 30 octobre 1878, Robert-Louis Stevenson (1850-1894) traversa les Cévennes à pied en compagnie de son âne Modestine. Un périple qui le conduisit, entre monts et vallées, depuis Le Monastier jusqu'à Saint-Jean-du-Gard, au cœur du pays des camisards, dont il connaissait parfaitement l'histoire. Voyageant sans but précis, « mais simplement pour le plaisir de voyager », l'important, pour lui, était « de bouger, d'éprouver de plus près les nécessités et les difficultés de la vie, de quitter le lit douillet de la civilisation, de sentir sous ses pieds la croûte terrestre et les silex tranchants » et aussi de dormir à la belle étoile !

La nuit passée sous un toit est un long moment de mortelle monotonie ; mais en plein air, sous les étoiles, elle passe légère avec la rosée et les parfums ; et chaque heure amène un changement dans le visage de la nature. Ce qui ressemble à une sorte de mort temporaire pour les gens qui étouffent entre murs et rideaux, n'est qu'un sommeil sans pesanteur et vivant pour l'homme qui dort à même la terre. Toute la nuit il peut entendre la respiration profonde et libre de la nature ; car même lorsqu'elle sommeille, elle a des mouvements et des sourires. Et quel moment émouvant, ignoré des emmurés, lorsque le signal du réveil se propage sur la moitié de la terre endormie dans l'ombre et que les êtres vivants peuplant l'obscurité commencent à se dresser sur leurs pieds ! C'est alors que le coq chante pour la première fois. Il n'annonce point encore l'aurore, mais comme un guetteur vigilant, il accélère le cours de la nuit. Le bétail s'éveille dans les prairies, les brebis commencent à brouter sur les collines couvertes de rosée et se meuvent parmi les fougères vers un nouveau pâturage ; et ceux qui n'ont d'autre toit que le ciel, après s'être couchés comme les poules, ouvrent leurs yeux ensommeillés pour contempler la beauté de la nuit.

Par quel appel silencieux, par quel mouvement imperceptible de la nature, tous ces dormeurs sont-ils en même temps appelés à la vie ? Est-ce une mystérieuse influence des astres, ou bien sentons-nous sous nos corps allongés le frémissement de la terre maternelle ? Même les bergers et les vieux paysans qui comprennent pourtant les plus profonds secrets des choses, ne peuvent deviner comment s'opère cette résurrection en pleine nuit et quel est son sens. Ils affirment seulement qu'elle a lieu vers deux heures du matin et ils ne cherchent pas à en savoir davantage. Et d'ailleurs qu'importe, puisque l'impression est douce. Nous ne sommes troublés dans notre sommeil, comme le voluptueux Montaigne, que pour mieux savourer ce moment. C'est l'heure de contempler les étoiles. Certaines âmes éprouvent un vif plaisir à songer qu'elles vibrent à l'unisson avec toutes les créatures qui les entourent, qu'elles ont quitté la Bastille de la civilisation et que, redevenues pour un instant des êtres simples et bons, elles font partie de la Nature.

Quand cette heure arriva dans le bois de sapins, je m'éveillai altéré. Ma gourde était près de moi, encore à demi-pleine d'eau. Je la vidai d'un trait. Puis complètement réveillé après avoir absorbé cette eau fraîche je me dressai sur mon séant pour rouler une cigarette. Les étoiles brillaient, claires et colorées, semblables à des joyaux. Une légère brume argentée flottait devant la voie lactée. Autour de moi les pointes noires des sapins se dressaient immobiles et droites. Je distinguais Modestine grâce à la blancheur de son bât ; elle tournait, maintenue par sa longe. Je pouvais l'entendre brouter l'herbe paisiblement, mais aucun autre bruit ne me parvenait, excepté le doux murmure du ruisseau sur les cailloux. Je restais étendu nonchalamment, je fumais et j'observais la couleur du ciel – ainsi que nous appelons cet espace vide – d'un gris rougeâtre derrière les sapins et d'un bleu foncé et lumineux entre les étoiles. Comme pour mieux ressembler à un marchand ambulant, je porte au doigt une bague d'argent.

Je pouvais la voir briller faiblement chaque fois que je mettais la cigarette à mes lèvres et, à chaque bouffée de fumée, la paume de ma main s'éclairait et devenait pendant quelques secondes le plus intense des points lumineux.

Une brise légère, qui était plutôt une fraîcheur mouvante qu'un souffle d'air, balayait de temps en temps la clairière. Ainsi l'atmosphère de ma vaste chambre se renouvela toute la nuit. Je pensais avec horreur à l'auberge de Chasseradès et à son assemblée de bonnets de coton, avec horreur aussi aux équipées nocturnes des commis et des étudiants, aux théâtres étouffants, et aux chambres renfermées. Je n'avais pas souvent éprouvé plus sereine possession de moi-même et ne m'étais jamais senti mieux dégagé des contingences matérielles.

Dans ce monde extérieur que nous fuyons, blottis

dans nos maisons, il y a malgré tout des endroits charmants et agréables à habiter. Chaque nuit, semble-t-il, il y a un lit tout prêt qui attend l'homme dans les champs où Dieu tient maison ouverte.

Voyage avec un âne à travers les Cévennes,
traduction de Gilbert Lhomme
© Racines d'Oc, 1973

Et l'on songe aux vers de *Ma Bohème,* d'Arthur Rimbaud, cet autre grand poète des routes et des chemins : « Je m'en allais, les poings dans mes poches crevées/Mon paletot aussi devenait idéal/J'allais sous le ciel, Muse ! et j'étais ton féal/Oh ! là ! là ! que d'amours splendides j'ai rêvées !/Mon unique culotte avait un large trou/Petit-Poucet rêveur, j'égrenais dans ma course/Des rimes. Mon auberge était à la Grande-Ourse/Mes étoiles au ciel avaient un doux frou-frou/Et je les écoutais, assis au bord des routes/Ces bons soirs de septembre où je sentais des gouttes/De rosée à mon front, comme un vin de vigueur/Où, rimant au milieu des ombres fantastiques/Comme des lyres, je tirais les élastiques/De mes souliers blessés, un pied près de mon cœur ! »

JACQUES LACARRIÈRE

Instants d'éternité

Au début des années 1970, Jacques Lacarrière (1925-2005) partit à pied de Saverne, dans les Vosges, par un beau matin du mois d'août. En novembre, il arrivait tranquillement dans les Corbières, à Leucate, d'où il put retrouver sa chère Méditerranée. Entre-temps, il s'était arrêté quelques jours à Sacy, en Bourgogne, où il résidait habituellement. C'est cette longue promenade, en diagonale, d'un millier de kilomètres, du nord-est au sud-ouest de la France, qu'il relate dans son savoureux ouvrage Chemin faisant. *L'ironie du destin aura voulu que ce grand connaisseur de la Grèce, de ses mythes autant que de ses paysages, meure des suites d'une banale opération du genou !*

Ce que j'ai redécouvert en marchant, ce ne sont pas seulement ces rencontres chaque jour différentes, ces visages inconnus qui deviennent si vite familiers, ces réponses de plus en plus sensibles à mon attente, ce sont les heures du jour, vécues tout autrement qu'à Paris ou même qu'à Sacy. Levé de bonne heure avec le soleil, disons même dès potron-minet, couché tôt le soir dans le hasard des crépuscules, je vis au rythme des saisons. Chaque aube est nouvelle pour moi puisque je sais que le jour sera fait de nouvelles rencontres. Et chaque heure est changeante qui me révèle de nouveaux paysages, de nouvelles lumières et, sur la bouche de ceux qui me parlent, des mots nouveaux et souvent insolites. Marcher ainsi engendre peu à peu, dans les rapports humains, dans le regard qu'on porte aux moindres choses et surtout à l'égard du temps, un affranchissement, une disponibilité singulière qu'on ne peut soupçonner sans la vivre soi-même. Il m'a fallu des semaines, une fois de retour à Paris, pour me faire à un autre temps, un autre rythme, pour me réhabituer à ne plus rencontrer les autres – amis ou inconnus – que par des *rendez-vous*. Le mot, je m'en avise, a tout d'un ultimatum. J'ai toujours eu une résistance viscérale aux rendez-vous (n'aimant que les rencontres inopinées, les arrivées à l'improviste) et ce voyage en France n'a rien fait pour arranger les choses. Car à tout ce qu'il m'a donné, à ce qu'il a fait sourdre par lui-même – les itinéraires choisis librement sur la carte, l'errance improvisée sur le grand portulan des chemins, le miracle de tous les imprévus – il faut ajouter cette libération du temps comme si les heures, échappées du morne sablier des rendez-vous et des calendriers, prenaient une substance, une épaisseur qui leur soient propres.

Un des effets les plus singuliers de cette métamorphose intérieure du temps fut d'ailleurs de me faire très vite renoncer à la lecture. J'avais, tout au début du voyage, emporté avec moi la *Divine Comédie* de Dante dans l'édition de La Pléiade, la seule pratique et possible en voyage. Je me voyais déjà ouvrant le livre sur quelque pente ensoleillée ou à l'ombre d'un chêne séculaire, dans le silence de la campagne. Cela arriva en effet, très peu d'ailleurs, en raison du temps incertain et surtout parce que l'idée m'en vint de moins en moins. Les pèlerins, les errants d'autrefois emportaient souvent avec eux un ouvrage – la Bible presque toujours – qui était leur livre de chevet ou plutôt de talus et soupente. […]

Je me disais : moi aussi j'aurai mon livre des chemins, mon bréviaire des sentes, mon évangile des herbes et des fleurs, bref ma bible des routes et *La Divine Comédie* me parut très bien convenir. J'avais depuis longtemps envie de la relire. Mais très vite, je finis par oublier le livre, ne plus penser à lui ou y penser comme à un compagnon présent mais de moins en moins essentiel. Dans la journée, j'aimais m'étendre au pied d'un arbre (chêne ou non, séculaire ou non) sans penser à rien d'autre qu'à la forme changeante des nuages, aux messages des oiseaux, aux crissements des insectes invisibles, aux bruits lointains signalant une ferme, un hameau, un village. Et le soir – même quand l'atmosphère du café où j'avais pu trouver refuge rappelait le Purgatoire ou l'Enfer de Dante – je préférais rester là, avec les clients quand il y en avait ou seul, à lire le journal local, écouter les bruits et les silences d'un café, ce temps insidieux, anonyme des lieux qui soudain sont désertés de leurs cris vivants, leur brouhaha, et leur rumeur humaine comme un rivage dont la mer vient de se retirer. Car même là, en ces endroits souvent sinistres, je me sentais plus réceptif qu'en allant m'isoler dans ma chambre pour lire un livre que je pourrai toujours retrouver à la fin du voyage. Les livres et les routes demeurent mais les rencontres, les paroles, elles, sont éphémères. Et c'est cet éphémère que je venais chercher dans la pérennité géologique des chemins ou la mouvance des visages. Cet éphémère égrené dans le fil des jours et qui se mue ainsi en petites éternités, à chaque instant recommencées.

Chemin faisant suivi de *La mémoire des routes*

NICOLAS BOUVIER

Fulgurances de la lenteur

Il a fallu du temps pour que l'œuvre de Nicolas Bouvier (1929-1998) trouve son public. Mais désormais, L'usage du monde *et* Le Poisson-Scorpion *sont devenus des classiques, que l'on ne saurait réduire à la seule littérature de voyage. Écrivain-voyageur ou voyageur-écrivain, notre auteur suisse ? Dans tous les cas, un piéton céleste particulièrement... inspiré !*

Sans cet apprentissage de l'état nomade, je n'aurais peut-être rien écrit. Si je l'ai fait, c'était pour sauver de l'oubli ce nuage laineux que j'avais vu haler son ombre sur le flanc d'une montagne, le chant ébouriffé d'un coq, un rai de soleil sur un samovar, une strophe égrenée par un derviche à l'ombre d'un camion en panne ou ce panache de fumée au-dessus d'un volcan javanais. De retour en Europe ou lors des longs bivouacs hivernaux qui parfois ponctuent un voyage, ces images se bousculaient dans ma tête, fortes de leur fraîcheur native et demandaient impérieusement la parole.

Vocabulaire : gamin bouffeur de livres à la chandelle clandestine puis étudiant, j'avais eu mes éblouissements : London, Rimbaud, Melville, Michaux, mais le véritable goût des mots m'est venu lorsqu'il a fallu les choisir, drus, lourds dans la main, polis comme des galets pour enluminer mes modestes icônes avec l'or, le rouge, le bleu qui convenaient ici pour tenter de faire du spectacle de la route un de ces *Thesaurus Pauperum* à majuscules ornées d'églantines et de licornes.

Incantation de l'espace, décantation du texte. Pendant des années j'ai suivi ce mouvement pendulaire qui passe du « voir » au « donner à voir », la parole naissant, non de l'exotisme qui n'est que preuve de malentendu, mais d'une géographie concrète patiemment investie et subie. [...]

Pour les vagabonds de l'écriture, voyager c'est retrouver par déracinement, disponibilité, risques, dénuement, l'accès à ces lieux privilégiés où les choses les plus humbles retrouvent leur existence plénière et souveraine.

Il faut se garder d'opérer ici une distinction entre grandes et petites randonnées : le monde commence exactement sous nos fenêtres et j'approuve Confucius lorsqu'il dit : « Un voyage, fût-il de mille lieues, commence sous votre chaussure. » Les dérives planétaires ne sont finalement qu'une succession de cantons traversés qu'on a mis bout à bout. C'est une infinité de petites étapes dont chacune avait son coloris, son odeur, sa charge de surprise et son pouvoir de décision (rester, trouver du travail, poursuivre, faire demi-tour) qui m'ont conduit en trois ans de Genève à Tokyo puis, dans un second souffle, de Tokyo à Kyoto en parcourant à pied les cinquante-trois relais traditionnels de l'ancienne route impériale qui passe aujourd'hui par les champs. Un bon mois torride avec, presque chaque soir pour me reposer, l'hospitalité d'un temple villageois et, pour me rafraîchir, les averses de la mousson de juin. J'ai précisément en mémoire chacune des chambres de cette lente promenade, même celles qui n'étaient, à la belle étoile, que l'ombre d'un banian ou d'un arbre pipal. À ce rythme, les transitions s'annoncent naturellement, les visages, costumes, musiques, nourritures changent rarement sans crier gare, l'exotisme s'évapore avant même d'être perçu et la route vous tient une leçon cohérente, salubrement réductrice. La lenteur et l'espace agissent, ajustent et purgent comme une drogue à la fois émétique et hallucinatoire. Le bagage matériel et mental s'affine et s'amenuise sans qu'on y soit pour rien. Les accessoires inutiles – dérobés ou perdus – s'envolent avec les pédanteries de la certitude et les syllogismes consolateurs. Au terme du traitement, le voyageur a pratiquement disparu. Un matin de décembre 1954, en Inde centrale, une croisée de chemin solitaire m'a tenu ce langage :

Cette route a beaucoup pour elle
dans tous les axes de la boussole
c'est l'espace et l'éternité
...
Tu te pousses à petite allure
un mois passe comme rien
tu consultes la carte
pour voir où t'a mené la dérive du voyage
deltas vert pâle comme des paumes ouvertes
plissements bruns des hauts plateaux
les petits cigares noués d'un fil rouge
ne coûtent que cinq annas la botte
où irons-nous demain...

Je me suis contenté d'écrire sous dictée cet éloge d'un lieu. Six heures du matin; grand beau; le ciel n'était pas encore passé au blanc. À une portée de fusil, des vautours tournaient au-dessus d'une forteresse de terre rouge. J'étais au bord de ce chemin poussiéreux comme dans le ventre de ma mère. Parfaitement vide, entièrement décentré. Des projets de départ, le voyage avait tout emporté. Je me retrouvais rien, moins que rien, sans origine ni destination, entièrement absorbé par l'ici et le maintenant. Les moines gyrovagues de la tradition orthodoxe et les bonzes itinérants ont connu et recherché ces instants où la dispersion et l'érosion de la route conduisent paradoxalement à un *Da sein* où le seul fait d'être au monde remplit l'horizon jusqu'au bord.

Réflexions sur l'espace et l'écriture
Succession Nicolas Bouvier
D. R.

ÉDITH DE LA HÉRONNIÈRE

Érotique de la marche

Depuis le Moyen Âge de nombreux chrétiens, partis de divers points de l'Europe, ont accompli, à pied, le pèlerinage à Saint-Jacques de Compostelle. Parfois au péril de leur vie. Une pratique propre à toutes les religions et en usage aussi chez les anciens Grecs. À l'aube d'un matin de mai, Édith de la Héronnière, depuis Vézelay, s'est lancée à son tour dans ce voyage initiatique de haute spiritualité, en compagnie de deux amis américains et d'un ami canadien. Après un parcours de deux mille kilomètres, elle arrivera à destination au mois d'octobre suivant. En cours de route, il lui aura fallu affronter bien des épreuves, particulièrement celle de supporter ses compagnons de route, leurs différents caractères et leurs humeurs ! Son récit, érudit et distancé, non dénué d'ironie, rédigé à son retour, est de nature à ravir aussi bien le lecteur profane que sacré.

Quelle est donc cette quête ?

Quelle est la vraie teneur de cet acte que l'homme accomplit depuis la nuit des temps sous tous les prétextes possibles, quels que soient les saisons, les religions, les horizons ? Pourquoi partent-ils ? Quelle mouche les pique ? D'où vient cette violence faite à soi-même ? Car violence il y a, contrairement à ce que racontent les pieux récits d'aujourd'hui. Ce désir, cette impatience, cette déflagration intérieure, ce consentement à la mort, de quoi sont-ils le signe ?

Le pèlerinage serait-il une geste de nature érotique, au sens majestueux du terme ? Un corps à corps avec la divine part de nous-mêmes ? Un désir ascensionnel ? Une concupiscence sacrée qui vous prendrait à la gorge et vous pousserait à mettre en jeu votre vie ? Pourquoi partons-nous, sinon pour mourir et renaître ? C'est un désir fou de se dégager des entropies et des destins qui nous minent. C'est une grande interrogation sur nos limites et nos possibles. Une mise en doute. Le doute est de nature érotique. Platon avait approché ce mystère d'assez près. Son démon aux parents antagonistes le laisse supposer. Vagabond miséreux par sa mère, actif et en recherche par son hérédité paternelle, le voici, petit éros, intermédiaire entre le trop-plein et le manque, entre soif et satiété, entre vie et mort, toujours en recherche – en route. On le voit à l'horizon, marchant seul. Nul ne l'accompagne. Personne ne l'attend. Il est pauvre, ses dents ne sont plus que des chicots, ses vêtements sont en lambeaux, des cernes de fatigue soulignent ses yeux rougis par l'insomnie. Mais il faut voir l'éclat qui les anime, ces yeux. Un brasier. Nulle insulte ne les fera se baisser et nul sommeil ne pourra les fermer. L'homme est en route et rien ne l'arrêtera. Il est brûlé de l'intérieur par une passion douloureuse et sublime. Un manque le tarabuste. Et le voilà, il avance à pas pressés, en secouant la poussière de ses sandales à chaque halte. Sa vie se porte en avant d'elle-même jusqu'à des contrées où elle peut se perdre – où elle se perdra –, car il ne sait plus la frontière entre vie et mort. C'est lui, petit homme, grand daimon, dard spirituel, qui inspire ces frénétiques départs vers des tombeaux vides, vers des ossements qui tombent en cendres, c'est lui nos impatiences métaphysiques, lui encore nos questions muettes, notre sainte nostalgie, notre douloureuse insatisfaction.

On a bien pu donner toutes les raisons possibles aux pèlerinages. En fin de compte, ils restent insaisissables. Les raisons ont été d'une belle diversité. Certains ont pris la fuite pour quitter leur vie ; ils en avaient assez de la monotonie ambiante. D'autres ont pensé que ce serait une noble façon d'expier leurs crimes. D'autres encore ont voulu voir du pays ou mettre leurs pas dans ceux de leurs ancêtres. La plupart ont fait là un acte de piété en pensant que ce serait pour eux un gage d'éternité ; ils ont dans l'idée que la mathématique divine attribue à chacun selon ses mérites et que, par conséquent, plus ils souffriront en chemin plus grande sera leur part de l'immense gâteau qui nous attend là-haut. Il y a tous ceux qui partent pour adorer un saint, tous les saints et Dieu en personne. Leur ferveur religieuse est réelle et leur audace réduite au minimum, juste celle de suivre un chemin devenu en quelque sorte boulevard de la chrétienté. Il y a aussi les vaniteux de la foi, ceux qui se prennent pour les nouveaux élus. Ils ont la foi, disent-ils, mais ils ont amputé en eux ces fragilités qui font la part vive de notre foi. Tous, en fait, pécheurs, pèlerins par contumace, croisés en vadrouille, assassins repentis, randonneurs de l'impossible, écologistes du bol d'air sacré, tous ont leurs raisons, sublimes, minables, indiscutables, mais aucune de ces raisons n'est la bonne. Car la vraie raison n'en est pas une.

La Ballade des pèlerins

DAVID LE BRETON

La meilleure façon de... se chausser ?

Spécialiste du corps, de la douleur, mais aussi de la modernité, l'anthropologue David Le Breton a consacré tout un ouvrage à la marche. L'essai de cet universitaire émérite, adepte passionné de l'école buissonnière, s'est partialement transformé en un véritable éloge de cette bonne cause. Fort heureusement pour le lecteur, qui nous fera la grâce de ne pas soupçonner, dans l'extrait proposé ci-dessous, une publicité déguisée pour les boutiques du Vieux Campeur !

Dans *Enfance* Rimbaud écrit : « Je suis le piéton de la grande route par les bois nains ; la rumeur des écluses couvre mes pas. Je vois longtemps la mélancolique lessive d'or du couchant. » Il vagabonde de dix-neuf à vingt-trois ans en Belgique, en Angleterre, en Allemagne ou ailleurs. Il va de Charleville à Milan en effectuant le parcours presque entièrement à pied. Mais les fugues et les marches en liberté vont plus tard, à l'âge d'homme, céder la place à des déambulations plus intéressées et écrasantes par la lassitude qu'elles entraînent. Rimbaud, « l'homme aux semelles de vent » (Verlaine), le « passant considérable » (Mallarmé), attribue le cancer qui ronge ses genoux aux marches épuisantes dans le Harar. Alain Borer explique que jamais les mulets ou les chameaux ne faisaient plus d'une fois dans leur existence le trajet du Harar à la côte. Ils mourraient en chemin ou étaient abattus à l'arrivée tant l'effort avait été rude. Rimbaud fera ce trajet une quinzaine de fois à pied dans les pires conditions. Lui qui se rêvait « piéton, rien de plus » perd sa jambe de trop de marches lancinantes et d'une compromission avec le monde que ne laissaient guère présager ses poèmes.

La nudité d'un parcours ne sollicitant que le corps implique la vulnérabilité du marcheur. Les blessures sont légion, aux pieds surtout, le nerf de la guerre, car le marcheur imprévoyant a profité de son voyage pour s'acheter de nouvelles chaussures au moment de partir sans les avoir essayées au préalable au-delà du magasin. Très vite les aspérités de la matière se transforment en écorchures ou en ampoules et métamorphosent en calvaire le plaisir escompté. Les étapes deviennent autant de haltes à l'infirmerie du bord. Au siècle dernier, Cochrane, qui marche jusqu'au Kamtchatka, a la chance qu'un compagnon de route lui enseigne une formule dont il ne cesse de louer l'efficacité : « il s'agit simplement, au coucher, de se frictionner les pieds avec un mélange d'alcool et de suif de chandelle. Le lendemain les ampoules ont disparu ». Peu à peu les chaussures se font aux pieds ou l'inverse. « Au début, j'avais beaucoup claudiqué, mais mes cals avaient durci et j'étais maintenant capable de marcher longtemps sans souffrir. » De façon surprenante, dans une sorte d'homéopathie des hypothétiques ennuis futurs, le jeune Kazantzaki est tellement bouleversé du bonheur qu'il éprouve à marcher sur les routes italiennes qu'il décide de s'infliger une sorte de correctif douloureux, comme si trop d'allégresse menaçait de l'étouffer : « J'étais si heureux à Florence que j'ai compris que cela dépassait les droits des humains et qu'il fallait trouver un moyen de souffrir. Je suis donc allé m'acheter une paire de souliers trop étroits. Je les mettais le matin, et ils me faisaient tellement mal que je ne pouvais plus marcher et que je sautillais comme un moineau. Tout le matin, jusqu'à midi, j'étais malheureux ; mais l'après-midi, où je changeais de chaussures et sortais me promener, quel bonheur ! je marchais léger, je volais ! » [...]

Toepffer nous dit avec son habituel bon sens que « pour le voyageur à pied la chaussure est tout, le chapeau, la blouse, la gloire, la vertu, ne viennent qu'après ». Victor Segalen fait à juste titre l'éloge des sandales comme meilleur remède préventif aux ennuis pédestres. « La Sandale est, pour la plante des pieds et tout le poids du corps, l'auxiliaire que le Bâton fait à la paume et au balancé des reins. C'est la seule chaussure de marcheur en terrain libre. C'est le résumé de la chaussure : l'interposé entre le sol de la terre et le corps pesant et vivant [...] ; grâce à elle le pied ne souffre pas, et pourtant fait l'expertise délicate du terrain. Grâce à elle, à l'encontre de toute autre chaussure, le pied s'épand et s'étire, et divise bien ses orteils. Le gros travaille séparément, les autres s'écarquillent en éventail. »

Éloge de la marche

JACQUES LANZMANN

Pathologie du marcheur

Il ne fallait pas parler de balade ou de flânerie à Jacques Lanzmann (1917-2006) : « Ça n'est pas mon fort. Trop d'ennuis, de mièvrerie. Son rythme m'épuise, me vide. » Non, celle qu'il aimait et pratiquait, c'était ce qu'il appelait la marche à l'énergie, la randonnée sportive et autre trekking : « Cette marche sous pression confine à la béatitude, mieux : à l'ataxie. La drogue, quoi ! » Il semble que ce fou de la marche, comme il se définissait lui-même, marchait pour ne pas devenir fou ! Bien vite, après avoir épuisé tous les G.R. de France et de Navarre, il lui fallut de nouveaux horizons. Témoignage.

Et d'abord vers le Népal. J'avais entendu parler de l'accueil sans pareil des Népalais : ni réticences, ni volets fermés, ni chiens méchants, ni panneaux d'interdiction, ni barbelés. Au royaume de l'Himalaya, le marcheur est un prince, une divinité, un petit Vishnou. [...]

S'il est vrai que l'on peut marcher au hasard du Népal, ce n'est pas *par hasard* que l'on y marche. Ce qui différencie ce pays du nôtre, plus que ses abîmes et ses hauteurs, c'est l'incessant va-et-vient des autochtones d'un bout à l'autre du territoire. Chez nous, les G.R. s'ingénient à isoler le marcheur des grands centres vitaux. Chez eux, à l'inverse, le sentier en escalier mène droit aux forces vives de la nation, qu'il traverse de part en part pour venir mourir à l'extrême bord du plus haut des alpages. Au-delà de cet alpage, il faut inventer son itinéraire : on se retrouve livré à soi-même, sans autre secours que ses propres ressources. Lors de ces envols d'altitude, une fois dépassé le dernier village, il est donc nécessaire d'emmener de quoi subsister durant des semaines, voire des mois, et par conséquent d'engager un nombre impressionnant de porteurs, ce qui donne aux expéditions himalayennes une allure d'exode.

Mon premier trek au Népal – un jeu d'enfant pour les initiés – fut une révélation, en dépit de l'altitude très moyenne (un maximum de 3 000 mètres du côté de Ghorapani). Trek ultra-classique : Pokhara-Tatopani, aller et retour, avec quelques variantes. Trois semaines de randonnée au milieu des rhododendrons géants et des rizières en espalier. Altitude médiocre, mais dénivellations démentes. Chaque jour, on montait et on descendait l'équivalent d'une demi-douzaine de tours Eiffel.

À Ghandrung, notre groupe se scinda en deux. Les plus performants, les cracks, prirent la direction du Machapuchare et du sanctuaire de l'Annapurna. Les autres, les bleus, dont j'étais, se contentaient de suivre les méandres escarpés de la Charkhola, une de ces rivières qui s'écoulent du Maardi-Himal.

Étape suivante : Tatopani, un bled enfoui au cœur d'une vallée étouffante, célèbre pour ses sources chaudes. Là, s'ébattaient une centaine de hippies, venus d'on ne sait où. Par quel miracle avaient-ils eu assez de force pour se traîner jusqu'ici ? Ça fumait sec le hasch. Ça ruminait durement le champignon hallucinogène. Un jour de repos, la détente. Mais la fumette n'empêcha pas la gamberge. Je l'avais mauvaise. Songeant à eux, les héros, qui montaient vers l'Annapurna, je me sentais mis au rancart de l'aventure et me jurai de revenir bientôt en découdre.

Quatre mois plus tard, j'étais de retour. Cette fois dans la bonne direction. Entre les deux voyages, je m'étais cru nimbé, l'imbécile, d'une aura de supériorité. Je croisais, méprisant, les « pauvres » randonneurs de G.R. Tout juste si je ne les apostrophais pas, m'écriant : « Regardez-moi, j'ai fait l'Himalaya ! » À l'égard du patron des marcheurs, et à supposer qu'il y eût au ciel une embauche sélective, mon curriculum vitae s'était enrichi d'un prestigieux diplôme : j'étais marcheur en Himalaya, comme d'autres sont majors à l'E.N.A. ou officiers à Saint-Cyr.

Pauvre de moi. Quelle fatuité ! Elle est malheureusement pratique courante. Nombre de randonneurs se plaisent à raconter tel ou tel exploit en pays lointain, telle virée absolument inédite, telle odyssée des neiges ou des sables. Il y a un élitisme de l'expéditionnaire. Il y a celui qui sait et celui qui ne sait pas. Celui qui y va et celui qui en vient. Je m'en suis rendu compte lors de mon deuxième voyage au Népal. Alors que je traversais enfin cette fameuse forêt de bambous, au sortir de Hinko, d'où l'on aperçoit le Machapuchare sacré et, derrière lui, les Annapurna, nous croisâmes plusieurs groupes qui descendaient. Ils étaient drapés d'orgueil et de morgue. Ne répondaient pas à nos saluts. L'accession au sanctuaire semblait les avoir investis de la puissance suprême. Juste retour des choses : n'avais-je pas fait de même peu de temps auparavant ?

Curieusement, en revenant de ce mythique sanctuaire et de son pendant obligé : le camp de base de l'Everest, je renonçai à toute agressivité. Mais, à partir de là, et comme si le Népal avait été un catalyseur de forces magiques, je me mis à courir le monde. Deux ou trois voyages par an. De continent en continent, de Sahara en forêts vierges, de Kilimandjaro en Altiplano, de la Grande Muraille au Mur des Lamentations. Et ce n'est pas fini. Je pars dans quelques temps relier Lhassa à Katmandou...

Fou de la marche

BRUCE CHATWIN

Pourquoi marche-t-on ?

Dans Le Chant des pistes, *l'écrivain anglais Bruce Chatwin (1940-1989), fort d'une expérience d'une vingtaine d'années d'errance à travers le monde, s'est sérieusement posé la question du « pourquoi marche-t-on ? ». La réponse se trouve peut-être dans les carnets de notes qu'il avait prises jadis pour un projet de livre, jamais écrit, sur le nomadisme. Avec ce superbe récit testamentaire, publié peu de temps avant d'être emporté par le Sida, l'auteur de* En Patagonie *nous fait partager la croyance des aborigènes d'Australie, pour qui le monde a été créé par nos plus lointains ancêtres, en marchant, et en nommant, ou plutôt en chantant, un pas après l'autre : « tout ce qu'ils avaient croisé en chemin : oiseaux, animaux, plantes, rochers, trous d'eau ». D'où la nécessité de préserver ces légendaires* Songlines, *les pistes chantées, qui donnent son titre au livre et constituent notre géographie originelle et sacrée !*

J'eus le pressentiment que la phase « voyageuse » de ma vie pouvait tirer à sa fin. J'eus l'intuition qu'avant d'être envahi par le mal rampant de la sédentarité, il me fallait rouvrir ces carnets. Je devais coucher sur le papier un condensé des idées, citations et rencontres qui m'avaient amusé ou obsédé ; et qui, je l'espérais, jetteraient une lumière sur ce qui est, pour moi, la question des questions : pourquoi l'homme ne peut-il tenir en place ?

Pascal, dans l'une de ses pensées les plus sombres, nous a donné son opinion sur l'origine unique de toutes nos souffrances : notre incapacité à rester calmement dans une pièce.

Pourquoi, demandait-il, un homme possédant tout ce qu'il faut pour vivre se sent-il poussé à se divertir dans de longs voyages en mer ? Pour habiter dans une autre ville ? Pour partir à la recherche d'un grain de poivre ? Ou pour aller en guerre fracasser quelques crânes ?

Plus tard, après plus amples réflexions, ayant découvert la cause de nos malheurs, il voulut en comprendre le pourquoi et il trouva une très bonne raison, à savoir la tristesse naturelle de notre pauvre condition de mortel, tristesse si grande que, lorsque nous lui prêtions toute notre attention, rien ne pouvait nous consoler.

Une chose, et une seule, pouvait alléger notre désespoir, le *divertissement* : cependant c'était là le pire de nos malheurs, car dans le divertissement nous étions empêchés de penser à nous-mêmes et étions progressivement acculés à la ruine.

Pourrait-il se faire, me demandai-je, que notre besoin de distraction, notre manie de la nouveauté ne soient, essentiellement, qu'un appel instinctif à la migration semblable à celui des oiseaux en automne ?

Tous les grands maîtres ont enseigné que l'homme était, à l'origine, un « vagabond dans le désert brûlant et désolé de ce monde » – ce sont là les mots du Grand Inquisiteur de Dostoïevski – et que, pour retrouver son humanité, il devait se débarrasser de ses attaches et se mettre en route.

Mes deux derniers carnets étaient pleins de notes prises en Afrique du Sud où j'avais observé, de visu, des preuves indiscutables sur l'origine de notre espèce. Ce que j'avais appris là-bas – avec ce que je savais maintenant des itinéraires chantés des aborigènes – semblait confirmer l'hypothèse que j'avais caressée depuis longtemps : la sélection naturelle nous a conçus tout entiers – de la structure des cellules de notre cerveau à celle de notre gros orteil – pour une existence coupée de voyages saisonniers *à pied* dans des terrains épineux écrasés de soleil ou dans le désert.

S'il en est ainsi, si le désert a bien été notre demeure primitive, si nos instincts se sont forgés dans le désert pour nous permettre de survivre aux rigueurs de ce milieu – il devient alors plus facile de comprendre pourquoi les verts pâturages finissent par nous lasser, pourquoi la jouissance des biens nous épuise et pourquoi les appartements confortables de l'homme imaginaire de Pascal lui semblaient une prison.

Le Chant des pistes,
traduit de l'anglais par Jacques Chabert

Parmi les nombreux extraits des anciens carnets de « moleskine » de Bruce Chatwin, intégrés dans son dernier récit, citons : « Notre nature est dans le mouvement ; le repos entier est la mort », Pascal, *Pensées* ; « La grande maladie de l'horreur du domicile », Baudelaire, *Journaux intimes*. Ou encore, à l'intention des voyageurs en chambre : « Ceux qui ont analysé le plus finement cette envie incessante de se déplacer furent souvent des hommes qui, pour une raison ou pour une autre, étaient contraints à l'immobilité : Pascal par des maux d'estomac et des migraines, Baudelaire par la drogue, saint Jean de la

Croix par les barreaux de sa cellule. Certains critiques français affirmaient que Proust, lui qui vivait en ermite dans sa chambre tapissée de liège, fut le plus grand de tous les voyageurs littéraires. »

SYLVAIN TESSON

L'avenir en marche

Dans la lignée d'un Nicolas Bouvier ou d'un Bruce Chatwin, Sylvain Tesson est le dernier-né de nos écrivains voyageurs. Lui aussi n'aime pas cette étiquette et nous le définirions plutôt comme un vagabond des lettres en quête de l'univers. Après un Petit Traité sur l'immensité du monde *(2005), particulièrement remarqué, nous le retrouvons, à travers son récent* Éloge de l'énergie vagabonde, *tout au long du parcours, d'abord à bicyclette puis à pied, qui lui permettra de relier la mer d'Aral à la Caspienne et à la Méditerranée. Son but, longer au plus près les 1 760 kilomètres du BTC, le pipeline Bakou-Tbilissi-Ceyhan, depuis la Russie jusqu'en Turquie. Une traversée des terres en solitaire qui lui permet de réfléchir, et nous avec, au mystère de « l'or noir », que tout un chacun offre en sacrifice au dernier « veau d'or » contemporain : l'automobile. Son témoignage (pèlerinage ?), de haute portée géopolitique, nous montre combien il serait urgent, pour le genre humain, de réapprendre à… marcher !*

Dans l'infinitude des champs de Ceyhan, j'avance au pas lent du vagabond. Le pétrole nous a désappris que le monde était immense et que la patience du marcheur pouvait en venir à bout aussi bien que la vitesse de l'auto. Le moteur à explosion réduit en éclats le rapport naturel que notre bipédie devrait nous faire entretenir avec le temps et l'espace. Les fièvres modernes, les angoisses intérieures, ne viendraient-elles pas de ce que nous ne prenons plus la peine de marcher une journée entière ? Laisserons-nous le temps envahir à nouveau nos êtres ? Rééquilibrerons-nous la course de nos vies en renouant avec la lenteur ? Accepterons-nous d'user six heures d'efforts pour trente kilomètres ?

Enveloppé des haillons de mes rêves pèlerins, j'imagine que la première des révolutions post-pétrolières sera de rejeter des piétons sur les routes. Une fois la dernière larme de brut coulée, on sciera les feux rouges comme on jetait à bas, à l'automne 1991, les statues de Lénine dans les capitales socialistes. On détruira les ronds-points, ces verrues de l'aménagement. Les parkings seront reboisés et le silence rendu aux routes forestières. Les routes se couvriront à nouveau d'un flot de promeneurs, de chevaux, de charrois. Les hommes déboucleront la ceinture ombilicale de leurs bagnoles-utérus et redécouvriront que des pensées insoupçonnées montent à la surface de l'esprit quand le corps est en marche.

Rêve imbécile ! Dans les laboratoires, les cerveaux du monde occidental cherchent à dépasser les vieilles techniques de libération d'énergie fondées sur l'exploitation des hydrocarbures. Pour eux le règne des explosifs fossiles est dépassé. Ils préparent l'ère nouvelle. Pas question que la course du monde s'arrête, il suffit simplement de changer de carburant. Dans les installations de Cadarache, les physiciens du programme Iter (la *voie*, en latin) travaillent à maîtriser la *fusion nucléaire*. Lorsqu'ils parviendront à apprivoiser un plasma matriciel stable à une hauteur de 100 millions de degrés, ils pourront ioniser les atomes et les confiner dans un champ magnétique. Alors, ils organiseront la fusion du deutérium et du tritium (deux isotopes d'hydrogène). De ces épousailles naîtront un noyau d'hélium 4 et un proton. Semblable à l'explosion astrale, la réaction libérera une énergie colossale. Nous mettrons le soleil dans nos moteurs ! Prométhée sera vengé de l'aigle. Obsédé par la question de l'énergie, George W. Bush disait au début de son investiture que « nos petits-enfants apprendront à conduire sur des voitures à hydrogène ». Nous n'abattrons donc pas les feux rouges.

Éloge de l'énergie vagabonde

Et que, face au surpeuplement et au réchauffement de la planète, l'on ne vienne pas parler à Sylvain Tesson de développement durable et autres panacées écologiques à la mode : « Ce mot, je m'en méfie comme de tous les cache-sexe. Le développement durable est le baume appliqué sur leur mauvaise conscience par des Occidentaux désireux de continuer à jouir sans que retombe vraiment la fièvre du monde. Le terme cache le vœu d'ajuster mieux les rênes pour maintenir la course de l'humanité le plus longtemps possible. Pas la moindre intention d'en arrêter l'emballement. “Jouissons sans entrave”, clamaient les slogans de mai 1968. Jouissons plus intelligemment pour jouir plus longtemps, répondent en écho les chantres de la durabilité. Le principe ne remet pas en cause la marche du monde, mais propose de légers aménagements de la fuite en avant, quelques infléchissements comme les touches prudentes d'un pinceau pointilliste. L'essentiel ne serait pas de changer de cap, mais de ralentir le rythme pour permettre à l'orgie de se poursuivre *durablement.* » Rêveur, soit, mais lucide !

ÉPILOGUE

Les Homobiles

Les Homobiles n'ont pas de patronymes ni même de prénoms.

On les appelle par leur nom de marque ou de modèle, ce dernier n'étant parfois plus qu'un numéro.

Leur identification se fait grâce au code-barre tatoué sur l'intérieur du poignet gauche.

De la ceinture au sommet de l'occiput, ils sont hommes. En dessous, deux roues sur pneumatiques leur tiennent lieu de jambes. En place d'anus, ils arborent fièrement un court tuyau chromé d'échappement : ils se nourrissent d'un gaz explosif, qui les fait tout à la fois péter et avancer.

Les Homobiles n'ont pas de villes ni de maisons. Quand ils ne sillonnent pas inlassablement les routes, ils s'immobilisent sagement dans l'un des petits carrés individuels délimités sur les bas-côtés : certains préfèrent se regrouper sur de vastes parkings, tandis que d'autres, plus élitistes, s'isolent dans des box fermés.

Les Homobiles n'ont pas de sexe, au propre comme au figuré. Mais la façon dont ils se frottent frénétiquement le bout du tuyau, dos à dos, laisse à penser qu'ils ne sont pas dépourvus d'une certaine sexualité !

À ce jour, on s'interroge encore pour savoir si les

Homobiles ont une conscience autonome ou s'ils sont simplement programmés ?

Bien que dotés de mémoire, les Homobiles ne rêvent jamais.

Quand on les interroge sur leurs origines, ils ne se souviennent pas d'avoir eu l'homme comme ancêtre.

Jacques BAROZZI

Le lecteur désireux de prolonger ses errances littéraires, de manière plus mystique ou sportive, pourra aisément se reporter au *Goût de Saint-Jacques de Compostelle*, au *Goût du mont Blanc* ou encore au *Goût des déserts*, dans la même collection. Et pour des balades urbaines moins exaltées, il dispose d'un large choix parmi les autres titres mentionnés en fin d'ouvrage…

« Le goût de… »

Le goût de l'Abyssinie
Le goût de l'Afghanistan
Le goût de l'Afrique
Le goût d'Alexandrie
Le goût d'Alger
Le goût d'Amsterdam
Le goût de l'Anjou
Le goût d'Antibes
Le goût de l'Asie
Le goût d'Athènes
Le goût de l'Australie
Le goût de Bali
Le goût de Barcelone
Le goût de Belgrade
Le goût de Berlin
Le goût de Beyrouth
Le goût de la Birmanie
Le goût de Bombay
Le goût de Bordeaux
Le goût du Brésil
Le goût de la Bretagne
Le goût de Bruxelles
Le goût de Bucarest
Le goût de Budapest
Le goût de Buenos Aires
Le goût du Cambodge
Le goût du Canada
Le goût de Cannes
Le goût des cités impériales du Maroc
Le goût de Capri et autres îles italiennes
Le goût de Chicago
Le goût de la Chine
Le goût de la Corse
Le goût de la Crète
Le goût de la Croatie

Le goût de Cuba
Le goût de Deauville
Le goût de Dublin
Le goût de l'Égypte
Le goût de l'Engadine
Le goût de Florence
Le goût de Genève
Le goût de la Grande-Bretagne
Le goût du Grand Nord
Le goût de la Grèce
Le goût de Grenade
Le goût de la Guadeloupe
Le goût d'Haïti
Le goût de la Haute-Provence
Le goût de La Havane
Le goût du Havre
Le goût des îles Baléares
Le goût des îles grecques
Le goût de l'île Maurice
Le goût de l'Inde
Le goût des villes de l'Inde
Le goût de l'Iran
Le goût d'Istanbul
Le goût du Japon
Le goût de Jérusalem
Le goût de Kyoto
Le goût des lacs italiens
Le goût de Lille
Le goût de Lisbonne
Le goût de la Loire
Le goût de Londres
Le goût de Los Angeles
Le goût de Lourdes
Le goût de Lyon
Le goût de Madrid
Le goût de Marrakech
Le goût de Marseille
Le goût de la Martinique

Le goût de la Méditerranée
Le goût de Mexico
Le goût du mont Blanc
Le goût de Montpellier
Le goût de Montréal
Le goût du Mont-Saint-Michel
Le goût de Moscou
Le goût de Nancy
Le goût de Nantes
Le goût de Naples
Le goût du Népal
Le goût de New York
Le goût de Nice
Le goût de la Normandie
Le goût d'Odessa
Le goût de l'Orient
Le goût de Palerme
Le goût de Paris
Le goût du Paris insolite
Le goût du Pays basque
Le goût de Pékin
Le goût du Périgord
Le goût du Portugal
Le goût de Prague
Le goût de la Provence
Le goût du Rhin
Le goût de Rio
Le goût de Rome
Le goût de la Russie
Le goût de Saint-Jacques-de-Compostelle
Le goût de Saint-Pétersbourg
Le goût de Salzbourg
Le goût de San Francisco
Le goût du Sénégal
Le goût de Séville
Le goût de Shanghai
Le goût de la Sicile
Le goût de Strasbourg

Le goût de la Suisse
Le goût de Tahiti
Le goût de Tanger
Le goût de la Thaïlande
Le goût du Tibet
Le goût de Tokyo
Le goût de la Toscane
Le goût de Toulouse
Le goût de Tours
Le goût de Trieste
Le goût de Tunis
Le goût de Turin
Le goût de la Turquie
Le goût de Venise
Le goût de Versailles
Le goût du Vietnam
Le goût de Vienne

Le chant des villes
Le (dé)goût de la laideur
Le goût de l'absolu
Le goût de l'amitié
Le goût de l'amour
Le goût des amours à Paris
Le goût des animaux
Le goût des arbres
Le goût de l'architecture
Le goût de l'argent
Le goût de l'automobile
Le goût du baiser
Le goût de la beauté
Le goût de la bière
Le goût du bijou
Le gout du blanc
Le goût du bleu
Le goût du bonheur

Le goût du bouddhisme
Le goût de la boxe
Le goût du café
Le goût de la campagne
Le goût du champagne
Le goût de la chanson
Le goût des chats
Le goût du cheval
Le goût des chiens
Le goût du chocolat
Le goût du ciel
Le goût du cirque
Le goût des cochons
Le goût du corps
Le goût de courir
Le goût de la cuisine
Le goût de la danse
Le goût des déserts
Le goût des desserts
Le goût du dessin
Le goût de Dieu
Le goût de l'école
Le goût de l'enfance
Le goût de l'esprit français
Le goût de l'été
Le goût des faits divers
Le goût du fantastique
Le goût des femmes
Le goût de la fête
Le goût du football
Le goût de la forêt
Le goût des frères et sœurs
Le dégoût de la guerre de 14-18
Le goût des haïku
Le goût des hommes
Le goût de l'humour
Le goût de l'humour juif
Le goût des îles

Le goût des jardins
Le goût du jazz
Le goût du jeu
Le goût du judaïsme
Le goût de la lecture
Le goût de la liberté
Le goût des livres
Le goût de la maison
Le goût de la marche
Le goût du mariage
Le goût des mathématiques
Le goût de la médecine
Le goût de la mer
Le goût des mères
Le goût de la mode
Le goût de la montagne
Le goût des mots
Le goût de la musique
Le goût de Noël
Le goût du noir
Le goût de la nostalgie
Le goût de la nuit
Le goût de l'opéra
Le goût de l'or
Le goût de la paresse
Le goût des parfums
Le goût de la passion
Le goût de la pêche
Le goût de la peinture
Le goût de la philosophie
Le goût de la photo
Le goût du piano
Le goût de la poésie amoureuse
Le goût de la poésie française
Le goût de la politique
Le goût du printemps
Le goût de la radio et autres sons
Le goût du rêve

Le goût de la révolte
Le goût du rock'n'roll
Le goût de la rose
Le goût du rouge
Le goût du rugby
Le goût de la sculpture
Le goût du sexe
Le goût du sport
Le goût du tabac
Le goût du tennis
Le goût du thé
Le goût du théâtre
Le goût des vaches
Le goût des vampires
Le goût du vélo
Le goût des villes imaginaires
Le goût du vin
Le goût du voyage

Le goût de Louis XIV
Le goût de Marie-Antoinette
Le goût de Napoléon

Réalisation Pao : Dominique Guillaumin

Achevé d'imprimer
sur les presses de la Nouvelle Imprimerie Laballery
en septembre 2020.
Imprimé en France.

Dépôt légal : septembre 2020
1er dépôt légal : mars 2008
N° d'imprimeur : 009128

375797